DES BONS COMPTES
ET DES BONS AMIS

Crédit Mutuel

Un livre édité en partenariat avec
l'Union des caisses de Crédit Mutuel
du district de Strasbourg.

Sylvie de Mathuisieulx
Ange Mercuri

DES BONS COMPTES ET DES BONS AMIS

Histoires
romantiques,
fantastiques,
terrifiantes,
amusantes,
poétiques,
vraies...

La Nuée Bleue

Union des caisses de Crédit Mutuel
du district de Strasbourg

LES AUTEURS

Sylvie de Mathuisieulx a publié plus de 130 histoires pour la jeunesse. Elle est traduite en une dizaine de langues, et certains de ses textes sont adaptés en spectacles, dessins animés ou livres audio. À La Nuée Bleue, elle est directrice littéraire de la collection Graine d'histoire, dans laquelle elle a également signé cinq romans. Elle a travaillé au Crédit Mutuel plusieurs étés de suite, lorsqu'elle était étudiante (sites du Wacken et de la Meinau).
sdemathuisieulx.com

Ange Mercuri est designer graphique et illustrateur, diplômé de l'Université de Strasbourg. Pour La Nuée Bleue – dont il a redessiné le logo –, il a créé plus de trente couvertures et illustré plusieurs ouvrages. En 2020, il a remporté le Prix Adobe de la Fondation Keith-Haring, et, en 2024, le concours d'illustration du festival « Châteaux et légendes » organisé par la Collectivité européenne d'Alsace. Quand il était étudiant, il a décroché son premier job d'été au Crédit Mutuel, où il faisait de la mise sous pli.
angemercuri.myportfolio.com

ebra ÉDITIONS

La Nuée Bleue est une marque de EBRA Éditions.

ISBN 978-2-7165-0980-0

nueebleue.com

Table

Préambule

— Bonjour.

— Bonjour.

— Il y a marqué « Préambule » sur la porte, alors je suis entrée.

— Qui êtes-vous ?

— Je suis l'autrice de ce livre. Et vous ?

— Le président du district du Crédit Mutuel de Strasbourg, mais aussi celui de la CCM des Trois-Chênes.

— CCM ? Le Collectif du Commun des Mortels va se demander si vous évoquez la Confrérie des Canaris Maladroits ou la Compagnie des Chasseurs de Malentendus...

— Voyons, je parle d'une caisse du Crédit Mutuel ! Vous devriez le savoir.

— Je peux m'asseoir ?

— Faites.

— Dites-moi, c'est bien vous qui êtes à l'origine de ce livre ?

— Oui, avec mon bureau de district. Nous voulions célébrer, nous aussi et à notre manière, le label « Capitale mondiale du livre » de Strasbourg que l'Unesco a décerné à notre ville. Nous avons imaginé un ouvrage traitant des sujets bancaires et financiers sur un mode inattendu, et même avec humour. Quelque chose d'accessible, osant le décalé, histoire de s'amuser un peu avec l'image du banquier, en général plutôt stricte. Bref, nous voulions un chouette bouquin avec de chouettes images, que nous pourrions offrir en souvenir à des partenaires, des élus, des sociétaires...

— Tout à fait objectivement, en voilà une bonne idée !

— Et comme nous sommes particulièrement attachés aux acteurs de terrain, nous voulions un livre pensé et fabriqué en partenariat avec des forces vives de proximité. Auteur, illustrateur, éditeur : le projet est 100 % local !

— Euh... pardon, mais il ne vous a pas échappé que je suis une fille... une *autrice*, donc.

— Oh là là, vous êtes comme ça, vous ? À bricoler des néologismes au nom du féminisme ?

— Détrompez-vous : je ne bricole rien du tout ! On a d'ailleurs retrouvé des documents fiscaux du Moyen Âge qui évoquaient des peintresses et des autrices, et...

— Écoutez, on ne s'éloigne pas un peu du sujet, là ?

— Bon, d'accord. Dites donc, j'ai appris que le Crédit Mutuel avait largement soutenu la Ville de Strasbourg pour l'opération « Lire notre monde », en participant au financement de 200 événements dédiés au livre et à la lecture ! Ce qui fait du BGCMDP le principal mécène de toute cette affaire, n'est-ce pas ?

— Euh... BGCMDP ?

— Ha ha, vous ne devinez pas ? C'est le Big Grand Crédit Mutuel de Dépôt et de Prêt !

— Allons ! Plus personne n'utilise ce vieil acronyme...

— Moi, si. Je me souviens que, quand j'étais lycéenne, la première fois que j'ai trouvé un boulot pour les vacances – dans le supermarché du quartier –, mes parents m'avaient ouvert un compte à la CMDP, pour que je puisse toucher mon salaire...

— Ouh là, c'était à quelle période du siècle dernier ?

— ... et j'ai aussi travaillé, plusieurs années de suite, pour la BFCM quand j'étais étudiante. Par exemple, j'ai post-marqué des chèques, au Wacken, et géré la paye des emplois d'été, dans les bureaux de la Meinau. J'ai de bons souvenirs de ces jobs d'été à la « Banque Fédérative du Crédit Mutuel ».

— C'est quoi, ce petit sourire ?

— Oh, rien du tout... Sans vouloir vous flatter, il me semble que bien des Alsaciens ont un lien particulier avec votre banque. Elle fait d'une certaine façon partie de notre histoire commune.

— Et comment ! Saviez-vous que les 32 caisses du district ont, pour la majorité d'entre elles, plus de 100 ans d'existence ? Depuis la première caisse de Crédit Mutuel créée à La Wantzenau, il s'en est passé des choses ! D'ailleurs, vous le savez bien, puisque vous avez truffé les nouvelles de ce recueil de beaucoup d'anecdotes tout à fait authentiques – que certains d'entre nous, au district, vous ont racontées sous couvert d'anonymat !

— Exact. La fiction s'inspire souvent de la réalité, et cette fois, compte tenu du contexte, ce petit jeu était particulièrement intéressant. Pour corser l'exercice, j'ai aussi voulu varier les types de textes : s'ils font souvent sourire, certains proposent des incursions dans le fantastique, la science-fiction, la romance, l'épistolaire, la fable... L'un d'eux vous invite même à jouer !

— Donc, pour résumer, nous avons voulu, à travers cet ouvrage, apporter une contribution originale à l'histoire du Crédit Mutuel, en lien avec son quotidien, réel ou fictif. Vous avez usé de tous vos stratagèmes d'autoresse – euh... pardon, d'autrice ! – et, après des mois de travail, ces histoires vont enfin rencontrer leur public ! Merci, chère autrice, qui avez contribué à sa réalisation et qui m'avez bien fait rire. Et vous remercierez aussi Ange Mercuri pour ses superbes illustrations qui nous donnent encore plus envie de nous plonger dans les textes. Et tant qu'on y est, vous remercierez l'éditeur, euh... l'éditrice, Mathilde Reumaux, à La Nuée Bleue et EBRA Éditions !

Vous nous avez permis d'apporter, au cours de cette année exceptionnelle à Strasbourg, notre contribution au rayonnement de l'écrit et du livre.

— Je crois pouvoir dire, au nom de toute l'équipe, que ce fut un vrai plaisir.

— Et maintenant, si on laissait les lecteurs décou...

Toc-toc !

— J'ai vu de la lumière, alors...

— Salut, Ange ! Entre, que je te présente à Monsieur Pfindel !

— Mais oui, entrez, jeune homme, que l'on fasse connaissance. Et pendant ce temps, nos lecteurs pourront enfin les découvrir tranquillement, ces fameuses histoires.

Crédit Mut

Haut les mains !

Au fond de ma poche, mon index s'est placé tout seul sur la détente.

Bien sûr, c'est complètement idiot. Et dangereux. Mais rien à faire, il ne veut pas quitter sa place. Dans la poche de ma parka, un peu petite, mon poignet se retrouve tout tordu.

Peur de choper une crampe.

J'ai les mains moites. Est-ce que ça peut enrayer le fonctionnement d'un revolver, une main moite ? J'essaye de ne pas y penser. Une petite voix exaspérante répète en boucle dans ma tête : « Haut les mains, peau de lapin ! ».

J'ai trop chaud. Nouée par-dessus mon capuchon relevé, l'écharpe qui couvre la moitié de mon visage me fait transpirer, mes cheveux collent à mon front, c'est très inconfortable. J'essaye de calmer ma respiration.

Il s'est remis à pleuvoir. Mais bon sang, quel temps de chien ! Enfin, au moins, il n'y a pas trop de monde dehors, et ça, ça arrange plutôt mes affaires. Discrétion. Discrétion absolue : je ne dois attirer l'attention de personne jusqu'à ce que j'arrive à la banque. Pupuce m'a déposé juste après la poste. Elle fera demi-tour au niveau de la nouvelle cabine téléphonique pour se garer devant le collège, juste en face du bureau de tabac. Trop risqué de s'approcher davantage.

Ça ne devrait pas prendre trop de temps : à cette heure-ci, la banque doit être à peu près vide. Juste la jeune fille au guichet, presque pas de clients.

Avec Pupuce, on s'est demandé ce qu'on allait faire de tout cet argent.

Un voyage au soleil ? Destination plage de cocotiers, orteils en éventail, cocktails sur transat ? Elle n'a jamais pris l'avion. Moi, si, une fois, quand j'étais petit, pour aller en vacances avec ma marraine aux Canaries. On s'offre du rêve, mais le plus sage, ce serait de changer la camionnette : la vieille estafette ne va pas tarder à nous lâcher.

Encore cinquante mètres. Mon cœur bat trop vite. Punaise, le trottoir est trempé, faudrait pas marcher dans une flaque, je pourrais glisser. C'est pas le moment de faire un faux pas, le coup risquerait de partir tout seul.

J'y suis presque. Évidemment, on a choisi la caisse avec soin. Ni trop petite, ni trop grande. Pas trop de personnel sur place. Ouverte entre midi et deux, pour le côté pratique.

Quand même. L'idée des billets transportés dans un sac-poubelle noir, c'est du génie, ça n'attire pas les regards. Et puis le trajet n'est pas si long. Elle est trop forte, Pupuce. Un sac en papier, ça aurait été moins bien, à cause de la pluie. D'un autre côté, quelqu'un m'a dit un jour que les billets de banque pouvaient passer à la machine et en ressortir intacts. Enfin, peut-être pas si on les met à bouillir...

C'est quoi cette fourgonnette bleue, là-bas ? Des flics ? Ah non, aucun risque de voir en surgir un képi : il y a marqué « Plomberie Express » sur la portière. Poilant, ça. Des spécialistes du liquide. Je sens un rire nerveux monter dans ma gorge.

Bon, il va se décider à passer au vert pour les piétons, ce feu ? Ça y est, j'ai mis le pied dans la rigole. Je sens l'eau glacée s'infiltrer dans ma chaussure. Ne pas y penser. Rester concentré.

La crosse du revolver est toute tiède dans ma main.

Arrivé devant la porte vitrée, je coule un œil à l'intérieur. Comme prévu, il n'y a pas foule. Juste une petite mémé au guichet. Elle doit peser quarante kilos toute mouillée. Des poireaux dépassent de son cabas, c'est une vraie caricature. Elle sera facile à maîtriser, si c'est nécessaire. Bon, elle discute avec la jeune banquière. On dirait bien qu'elle a fini sa transaction. Si j'attends un moment dehors, elle va peut-être sortir et j'aurai les coudées franches... Je tourne la tête vers l'emplacement où Pupuce s'est garée pour m'attendre. Elle n'a pas arrêté les essuie-glaces. C'est pas vrai, voilà qu'elle me fait des appels de phare, genre « Qu'est-ce que tu attends ? Vas-y ! ». Elle est folle, on va se faire repérer !

Bon, j'y vais. Je sors la main de ma poche.

Me voilà dans le hall. Ni l'employée ni la mémé ne m'accordent la moindre attention. Ça m'énerve.

Je m'approche en roulant des épaules. Rien. Je toussote. Toujours aucune réaction. J'agite un peu mon arme. Je la pose sur le comptoir du guichet. Le sac en plastique noir la rejoint en soupirant.

Marie-Dominique, assise sur sa chaise, n'a même pas levé la tête. J'ai une jolie vue sur le pendentif en or qui orne son décolleté, à la naissance de ses seins. Un petit ange. Elle me lance un regard agacé au-dessus des verres de ses lunettes, puis se racle un peu la gorge.

— Bon, Monsieur Arsène, il va falloir arrêter, maintenant, avec ça. On vous a dit cent fois que vous ne pouvez pas nous apporter la recette hebdomadaire de votre camion de sandwiches comme ça, dans un sac en plastique. Et puis, franchement, votre pistolet, ça ne va pas du tout. Un jour, il va arriver un accident, vous allez vous faire mal ou blesser quelqu'un. Vous voulez que j'appelle encore le directeur ?

Elle est marrante, Marie-Dominique. Mille quatre cent vingt francs, ce n'est pas rien. Faudrait pas qu'on nous les pique avant que j'aie pu les déposer en lieu sûr.

Ces quelques fleurs

En arrivant devant la banque, tout à l'heure, avec mon garçon, je m'étais fait la réflexion que les jardiniers municipaux devraient quand même faire un effort : le grand bac à fleurs qui orne le trottoir était encore sens dessus dessous. À croire que tous les chats du quartier s'y donnent régulièrement rendez-vous pour le saboter. Comme disait ma grand-mère, « l'amour du travail bien fait se perd » (ce à quoi son second mari ajoutait toujours : « et il y a des coups de pied aux fesses qui se perdent »).

Moi, j'étais toute contente, même si Jean-Eusèbe ne voulait pas me donner la main. Il vient de fêter ses quatorze ans, alors on peut le comprendre – d'ailleurs, mon mari me répète à longueur de journée que « ce n'est plus un bébé ». À propos de bébé, avec mon mari, on lui a ouvert un Livret bleu à sa naissance : on met vingt euros dessus tous les mois, comme ça, plus tard, il pourra payer son permis de conduire avec ces sous.

Une de mes amies m'a dit l'autre jour que sa fille avait un compte junior avec une carte de retrait « spécial jeune ». Mon mari et moi, on aime bien ce qui permet de responsabiliser les enfants, et on s'est dit : plus tôt on s'y prend, mieux ça vaut. Bref, je voulais voir ce qu'il était possible de faire pour Jean-Eusèbe. Pour qu'il puisse apprendre à gérer son argent de poche.

Pas moyen de faire ça sur l'appli internet, alors, avant-hier, j'ai appelé mon chargé de clientèle, Monsieur Oignon. Je le connais depuis des années, c'est un employé modèle ; quand on est seuls dans son bureau, je l'appelle par son prénom, Paul. Il a semblé très heureux de me parler, et m'a immédiatement proposé un rendez-vous avec mon fils. Oui, un vrai rendez-vous, en présentiel, et rapidement avec ça !

Bref. Mon garçon a tout de suite été d'accord, et ce matin, je lui ai dit de ne pas mettre son sempiternel jogging, mais un pantalon. Et je lui ai repassé une chemise. C'est important, un premier contact avec le banquier : pas question de s'y rendre tout débraillé, il faut faire bonne impression. J'ai insisté pour qu'il enlève les mains de ses poches, mais il n'aime pas tellement que je lui dise quoi faire, alors il a haussé les épaules et a donné un grand coup de pied dans le pauvre bac à fleurs. Tant pis pour l'allure et en avant pour le rendez-vous.

En nous faisant entrer dans son bureau, Monsieur Oignon avait l'air un peu agité – l'émotion d'accueillir un nouveau client, peut-être. Il a serré la main de mon fiston en l'appelant « Monsieur » et en le vouvoyant. J'étais drôlement contente et j'aurais bien voulu que la voisine voie ça, elle qui traite toujours mon Jean-Eusèbe comme

si c'était de la graine de délinquant. Bref, on s'est assis sur les fauteuils tous les trois. Jean-Eusèbe regardait partout avec un œil drôlement intéressé.

— Elle est par où, la salle des coffres ? il a demandé.

Le chargé de clientèle a répondu par un rire bizarre. Il s'est penché vers le premier tiroir de son bureau, l'a ouvert et en a sorti un petit agenda de l'année en cours pour le déposer devant mon fils comme s'il lui offrait la lune... alors qu'on est quand même en août. Il a évidemment obtenu un regard noir en retour. Alors, Oignon a fait pivoter son siège à roulettes pour ouvrir une armoire. Il a farfouillé un moment dedans, pour finir par brandir une petite pochette en plastique contenant des crayons en cire. C'était « pathétique », comme aurait dit mon père, j'en avais presque honte pour lui. On lui amène un ado et il essaye de lui fourguer des crayons de couleur ! Il n'a pas quatre ans, non mais imaginez un peu !

J'ai quand même fait les gros yeux à Jean-Eusèbe, parce que je ne voulais pas qu'il se mette à faire un scandale – « on sait se tenir dans la famille », c'était le refrain préféré de pépé Dédé.

— Alors, a fini par dire Oignon, qui avait retrouvé sa place, posé les coudes sur son bureau et joint les mains devant lui, le plus important est de bien se rappeler qu'en principe, on ne peut dépenser que l'argent que l'on possède. Jusqu'ici, c'est assez simple, n'est-ce pas ?

— Hu-hum, a fait mon fils.

— Si on dépense tous les jours un peu de sous, par

exemple pour s'acheter des bonbons, on ne réussira jamais à économiser pour s'offrir quelque chose de plus important, par exemple... eh bien, euh...

Mon garçon a complété aussi sec, en plissant un peu les yeux :

— ... un uchigatana.

— Pardon ?

— C'est un sabre japonais.

Le banquier a discrètement jeté un œil à sa montre. Moi, comme qui dirait, je buvais du petit-lait : je suis toujours tellement fière de la vivacité intellectuelle de mon petit rejeton ! Il est extraordinaire, ce gosse, mais il faut dire que son père a été testé à 175 de QI quand il avait son âge. D'ailleurs, vraiment, c'est insensé qu'ils l'aient fait redoubler deux fois au collège, ils sont vraiment nuls les profs aujourd'hui, ou alors ce ne sont rien que des jaloux – c'est sans doute aussi ce qu'aurait dit ma pauvre mère. Heureusement qu'il y a la vraie vie pour apprendre, et dans la vraie vie, la leçon d'initiation aux sciences économiques continuait bon train.

— Comme l'argent qu'on a dans sa poche, dans sa tirelire ou même sous son matelas est trop facile à dépenser, la banque propose de garder bien à l'abri celui de ses clients !

— Bien à l'abri dans des coffres-forts sécurisés, juste à côté de vos lingots d'or, a poursuivi mon fils d'un air entendu.

— Euh... c'est que nous n'avons pas le moindre lingot ici, jeune homme, croyez-moi sur parole.

— Ah bon. Mais ils sont où, alors ? Au Wacken ? Dans les sous-sols du siège ?

Oignon évitait mon regard depuis un moment. Il a passé sa main sur sa nuque en soufflant un peu avec le nez, avant de poursuivre :

— Le client peut bien sûr retirer quand il le souhaite les sommes qu'il nous a confiées. Et s'il veut acheter un objet de grande valeur, s'il n'a pas assez d'argent pour se le payer tout de suite, eh bien, nous pouvons lui prêter le montant qui lui manque.

— ... en utilisant les sous d'un autre client, a affirmé Jean-Eusèbe en retroussant sa lèvre supérieure sur ses canines.

— Eh bien, pas exactement, a tenté Oignon, qui ressemblait tout à coup à « un poisson hors de l'eau », comme aurait dit mon institutrice de CP – c'est vrai, elle répétait toujours : « Fermez la bouche, vous avez l'air d'un poisson hors de l'eau. »

Mon fils a sorti un rouleau de réglisse de sa poche pour s'y attaquer d'un air décontracté. Il a reniflé un coup avant de lancer :

— Je lave parfois les bagnoles de quelques blaireaux du quartier, avec des copains, le dimanche. Je pourrai vous apporter ce que je gagne comme ça ? Ce n'est pas vraiment du travail au noir...

— Bien sûr, a opiné le chargé de clientèle en se frottant le nez de l'index. Dix euros par-ci, dix euros par-là, cela peut finir par faire de jolies sommes !

— Y a pas un montant maximum de dépôt ? a enchaîné Jean-Eusèbe en relevant le menton.

Là, j'ai bien vu que sa question déstabilisait le pauvre Oignon. Ses narines se sont pincées toutes seules et il a un peu pâli. Et puis, nerveusement, il a de nouveau regardé l'heure à son poignet.

La chemise de mon fils sortait de plus en plus de son pantalon – c'est incroyable quand même, on dirait qu'il le fait exprès d'être toujours tout débraillé. J'ai froncé les sourcils et lui ai fait signe d'arranger ça, mais, comme disait ma grand-mère, ça ne lui a fait ni chaud ni froid.

Il s'est à moitié relevé de son fauteuil pour sortir de sa poche arrière une liasse de billets. Mon Dieu c'était des billets de 50 euros et il semblait y en avoir beaucoup ! Je ne pensais pas qu'il travaillait si bien le week-end ; c'est sans doute pour ça qu'il rentre toujours si tard.

Le chargé de clientèle a émis une espèce de hoquet et, juste à ce moment-là, un coup sec a été frappé à la porte. On a ouvert tout de suite après, sans même attendre la permission d'entrer. J'ai été un peu étonnée de reconnaître le directeur de la caisse, Monsieur Meyer en personne. Sans même me saluer, il a attrapé la chaise posée dans le coin de la pièce, à côté du grand ficus, et s'est installé à califourchon dessus, presque nez à nez avec Jean-Eusèbe. J'ai toussoté, parce que, franchement, ce n'était pas très approprié comme manière de faire, et il m'a jeté exactement le même regard que la CPE du collège l'autre jour. Après, il s'est retourné vers mon fils.

— Jeune homme, a-t-il dit – c'est drôle, je n'avais jamais remarqué qu'il a une grosse voix –, tu seras sans doute étonné d'apprendre que les distributeurs de billets installés sur la façade de notre établissement sont équipés de caméras.

Jean-Eusèbe a ouvert des yeux ronds et a fait un drôle de bruit avec sa gorge.

— Figure-toi qu'un jardinier de l'équipe d'entretien de la Ville est venu me voir la semaine dernière pour me demander si on pouvait regarder ensemble quelques enregistrements : depuis plusieurs mois, quelqu'un dérobe systématiquement les rosiers nains du gros bac décoratif situé sur le trottoir. Le jardinier avait dans l'idée qu'on pourrait découvrir le coupable grâce à notre dispositif...

Jean-Eusèbe s'est mis à rouler des yeux affolés vers la porte du bureau. Moi, je me disais que si c'était lui qui avait pris ces fleurs, ce n'était tout de même pas la peine d'en faire une histoire pareille : franchement, je ne crois pas que la municipalité soit à trois pots de fleurs près. S'il les avait pris, d'ailleurs, c'était sûrement pour les offrir à quelqu'un, parce qu'il a bon cœur.

Le directeur s'est encore penché davantage vers lui, presque jusqu'à le toucher.

— Nous avons découvert le pot aux roses, c'est le cas de le dire, ha ha ha ! Un jeune élève de primaire offrait ces fleurs à sa maîtresse en lui faisant croire qu'elles venaient de son jardin.

— Eh ben, a grogné mon fils d'une voix enrouée, du coup, c'est pas la peine de me crier dessus. En vrai, je les ai pas prises, vos saletés de fleurs. J'ai rien à voir avec cette affaire claquée !

— Allons, allons, a conclu le directeur. Ce n'est pas très malin de jouer l'innocent. Tu dois commencer à te douter qu'en visionnant ces enregistrements, nous avons aussi découvert le petit trafic auquel se livre un certain jeune homme, installé tous les samedis soir sur le rebord de ce même bac de fleurs...

Jean-Eusèbe a ricané.

— C'est pas moi, z'avez aucune preuve.

Le chargé de clientèle s'est tourné vers moi. Il a posé sa main sur la mienne en me disant qu'il était vraiment navré.

Quelques jours plus tard.

— Et maintenant, Monsieur le commissaire, s'il vous plaît, expliquez-moi : que faisons-nous ici ? Et pourquoi vos agents ont-ils emmené Jean-Eusèbe dans une autre pièce ? Comme disait toujours Monsieur le curé : « Il y a quelque chose de pas très catholique là-dessous. » Vous me devez bien quelques explications !

Cher conseiller bankaire[1]

Envoyé : 30 août – 10:35
De : lionel.desmoulins@creditmutuel.fr
À : gedeon.sanscrupul@avocats67.net
CC : jonathanmuller98@jaidumail.com ; victor.vielgluck@credit mutuel.fr ; servicecontentieux@creditmutuel.fr

Objet : Dossier J. Muller / cryptomonnaie

Cher Maître,

Vous trouverez ci-dessous copie de la correspondance électronique échangée ces jours-ci entre votre client et Monsieur Victor Vielglück, son conseiller – l'un de nos

1. Note de l'éditrice: cette nouvelle épistolaire se présente sous la forme d'un échange de mails. L'autrice a pris le parti – et rien n'a pu la faire changer d'avis, ni menaces ni une bourse pleine d'oursons en guimauve, elle est têtue – de les présenter à rebours, comme dans un vrai déroulé récapitulatif de messagerie électronique. Le premier mail, chronologiquement, apparaît donc à la fin, et le dernier, au début. L'éditrice conseille aux lecteurs de commencer par le début, donc par la fin. Par ailleurs, l'orthographe et la grammaire du client influenceur sont approximatives, c'est aussi fait exprès par l'autrice têtue.

plus expérimentés, titulaire en outre d'une licence en psychologie clinique.

Il apparaît clairement dans cet échange de mails que Monsieur Vielglück a tenté à plusieurs reprises de dissuader Monsieur Muller de son projet, tant le caractère aléatoire de celui-ci semblait rédhibitoire.

Je tiens à préciser que le service juridique du Siège, alerté, se tient à notre disposition pour le cas improbable où vous souhaiteriez, malgré tout, entamer une procédure judiciaire à notre encontre.

Veuillez agréer, cher Maître, l'expression de toute ma considération.

Lionel Desmoulins
Directeur de la Caisse du Crédit Mutuel
Les 3 Bouleaux

Envoyé : 30 août – 01:10
De : gedeon.sanscrupul@avocat67.net
À : victor.vielgluck@creditmutuel.fr
CC : jonathanmuller98@jaidumail.com

Objet : Légèreté blâmable

Monsieur Vielglück,

Mon client, Monsieur Jonathan Muller, m'informe que vous lui avez très fortement conseillé d'investir une somme de 1000 euros dans de la cryptomonnaie sous la forme de Youpla-Boum-bitcoins auprès de la société Youpla-Boum Bitcoin Inc.

Or, Monsieur Muller a découvert ce jour que, suite à l'évolution du cours de cette cryptomonnaie, son portefeuille n'équivaut plus désormais qu'à 1,25 $, soit 1,15 €.

Vous conviendrez aisément que vous avez ainsi fait preuve d'une légèreté blâmable dans votre obligation de conseil envers votre client et sociétaire.

Monsieur Muller, jeune influenceur prometteur grâce à sa chaîne Youtbut Faistoujoursquoituveut, n'est pas un spécialiste en investissement financier. C'est la raison pour laquelle il s'est tourné vers votre enseigne, qu'il pensait digne de confiance.

Afin d'éviter la perspective d'une procédure judiciaire, je vous invite à proposer dans les meilleurs délais un dédommagement à ce client.

Vous priant d'agréer l'assurance de toute ma considération,

Me Gédéon Sanscrupul
Avocat au barreau

Envoyé : 02 août – 17:12
De : victor.vielgluck@creditmutuel.fr
À : jonathanmuller98@jaidumail.com

Objet : Re: Re: Attention, c'est risqué !

Monsieur Muller,

Comme suite à votre demande, et devant votre insistance lors de notre conversation téléphonique de cette après-midi, au cours de laquelle vous m'avez répété pas moins de cinq fois que votre devise a toujours été « No risk, no fun », j'ai effectué à l'instant et en votre nom l'opération désirée auprès de la société panaméenne Youpla-Boum Bitcoin Inc.

Permettez-moi toutefois de vous renouveler mon conseil pour l'avenir : optez pour des placements plus sûrs. Je reste à votre disposition pour vous présenter de façon très claire les différentes formules que nous proposons.

Meilleures salutations,

Victor Vielglück

Envoyé : 02 août – 09:24
De : jonathanmuller98@jaidumail.com
À : victor.vielgluck@creditmutuel.fr

Objet : Re: Attention, c'est risqué !

Monsieur Vielglück,

Merci de me donner la ligne directe de Lionel Desmoulins votre supérieur hierarchique, je ne la trouve pas sur votre site internet. C'est incroyable que les clients soient aussi mal considérés chez vous. Il paraît qu'à la Société Pectorale, ils ont eu le prix des meilleurs conseillers de l'année.

J'ai le droit de placer mon argent comme je le souhaite !

Si je veux acheter des bitcoins youpla-boum, vous dever acquérir pour moi des bitcoins youpla-boum. J'ai fait un nouveau virement de 750 € sur mon compte courrant se matin.

Si vous refusez de suivre mes ordres, je vous pourris sur les réseaux – j'ai 4708 followers, à votre place, je réfléchirais à deux foi.

Jonathan Muller, instagrammeur et influenceur

PS : le montant pour cet investicement doit être de 1000 euros.

Envoyé : 02 août – 08:59
De : victor.vielgluck@creditmutuel.fr
À : jonathanmuller98@jaidumail.com

Objet : Attention, c'est risqué !

Bonjour Monsieur Muller,

Il m'est tout à fait impossible de répondre à votre demande. Je vous propose un rendez-vous ce samedi matin à 9h45. Nous pourrons évoquer vos projets d'investissement et je me permettrai de vous apporter quelques conseils pour optimiser votre approche de la gestion de vos comptes.

Meilleures salutations, à bientôt,

Victor Vielglück

Envoyé : 01 août – 00:47
De : jonathanmuller98@jaidumail.com
À : victor.vielgluck@creditmutuel.fr

Objet : Re: Investissement et découvert

Monsieur Vielglück,

Mon appel à financement participatif gudule pour acheter une meilleure webcam m'a rapporter plus que prévu et je vient de virer le surplu sur mon compte courrant. J'ai maintenant un solde positif de plus de 500 euros. Pouvé-vous utiliser cette somme pour acquérir des cyber-bit-coins Youpla-boum dans les meilleurs délais, merci.

Monsieur Jonathan Muller

Envoyé : 26 juillet – 09:07
De : victor.vielgluck@creditmutuel.fr
À : jonathanmuller98@jaidumail.com

Objet : Investissement et découvert

Bonjour Monsieur Muller,

L'opération que vous évoquez me semble des plus hasardeuses. Je serais très heureux de vous présenter de vive voix nos solutions d'investissement personnalisées.

Nous pourrions prendre rendez-vous grâce à l'agenda électronique intégré à l'application. Avez-vous un moment cette semaine ?

Ayant noté que votre compte courant présente depuis ce matin un découvert de 1295,26 €, je vous encourage à agir dans les meilleurs délais pour éviter le déclenchement (automatique) d'agios.

Meilleures salutations,

Victor Vielglück

Envoyé : 25 juillet – 16:28
De : jonathanmuller98@jaidumail.com
À : victor.vielgluck@creditmutuel.fr

Objet : URGENT URGENT-Investicement

Monsieur Vielglück,

Impossible de vous avoir au téléphone, ses incroyable.

Je voudrais investir dans la cyber-monnaie Youpla-boum.

Mon beau-frère m'a dit qu'il avait triplé sa mise en trois moi.

Merci de me dire comment je peux faire avec votre appli.

Jonathan Muller

Envoyé : 25 juillet – 12:45
De : jonathanmuller98@jaidumail.com
À : victor.vielgluck@creditmutuel.fr

Objet : URGENT investicement

Cher Monsieur Vielglück,

J'ai essayer de vous téléphoner cinq fois ce matin pour vous parlé d'un projet d'investissement qui m'intéresse beaucoup, vous n'étiez jamais joignable. Je me demande si on se moque du client dans votre banque. Ma mère est à la Banque Glandulaire, elle dis qu'ils sont trés à lécoute de leurs clients.

J'espère que vous me répondrez cette après-midi.

Salutations,

Envoyé : 24 juillet – 23:32
De : jonathanmuller98@jaidumail.com
À : victor.vielgluck@creditmutuel.fr

Objet : Investicement

Cher Monsieur Vielglück,

Le chèque que j'ai déposer en fin d'après-midi dans la machine devant la caisse n'apparaît pas encore dans mon relevé sur votre appli. C'et pas normal : vos ordinateurs sont sûrement tous liés entre eux, alors je vois pas pourquoi il faut attendre pour que l'opération apparaisse. À la BNB ou j'étais client l'année dernière, s'était mieux.

Je vous appellerai demain pour vous parlé d'un projet d'investicemennt que j'ai.

Salutations,

Jo-jo-nathan

Envoyé : 20 juillet – 10:46
De : jonathanmuller98@jaidumail.com
À : victor.vielgluck@creditmutuel.fr

Objet : Re: Re: Merci !

Cher Monsieur Vielglück,

Ne vous inquiéter pas, je resterai pas longtemps à découvert, je vais déposé deux chèques de sponsors cette semaine. Mon conseiller du Crédit Pigeonné me collait toujours des aggios, j'espère bien que vous ne ferais pas pareil parce que quand même votre banque s'appelle Crédit Mutuel, ça veut bien dire que je vous fait crédit quand je vous apporte mon argent et que c'est vous qui me faite crédit quand j'en ai plus.

Bonne journée !

Envoyé : 20 juillet – 10:33
De : victor.vielgluck@creditmutuel.fr
À : jonathanmuller98@jaidumail.com

Objet : Re: Merci !

Monsieur Muller,

Merci pour votre message.

Nous sommes ravis de vous compter parmi nos nouveaux sociétaires, et je demeure à votre disposition pour vous familiariser avec notre caisse et le fonctionnement de celle-ci.

La protection de vos données personnelles et de vos opérations bancaires est au cœur de nos préoccupations. Votre carte de clés vous parviendra par courrier au courant de la semaine prochaine. Il est important de la conserver en lieu sûr : elle nous permettra d'être certains de votre identité lors d'opérations telles qu'un virement vers un bénéficiaire extérieur non encore enregistré dans votre espace personnel.

Je constate que vous avez effectué ce matin trois retraits de 200 euros chacun dans différents GAB du centre-ville, alors que, lors de l'ouverture de votre compte courant la semaine dernière, vous n'avez déposé que 400 euros.

Vous disposez bien d'une autorisation de découvert, mais

permettez-moi d'attirer votre attention sur la nécessité d'une gestion raisonnée de vos liquidités.

Meilleures salutations,

Victor Vielglück

Envoyé : Samedi 20 juillet – 10:15
De : jonathanmuller98@jaidumail.com
À : victor.vielgluck@creditmutuel.fr

Objet : Merci !

Re-bonjour Monsieur Vielglück,

Merci d'avoir pri le temps de m'espliquer comment suivre en temps réel l'évoltion des comptes ouvert dans votre caisse la semaine dernière.L'appli a l'air pas mal, mais moins bien que celle du Crédit Viticole chez qui j'ai été client jusqu'en juin derniné. C'est un peu étonnant parce que j'ai cru comprendre que vous faisiez partie du même groupe, alors pourquoi pas mutualiser les ressources, je vous le demande. Je suis vraiment obligé,pour faire un virement externe d'avoir la carte avec les numéros secrets écrits dessus ??? Je sais plus où je l'ai mis.

Bonne journée !

JM

La revanche du Financier

Pastiche de la fable *Le Savetier et le Financier,* de Jean de La Fontaine[1].

Expert en placements et en boursicotages
Plus avisé que le plus avisé des sages,
Un Financier gérait du matin jusqu'au soir
Avec habileté le tout de son avoir.
Non loin de là vivait un gentil Savetier.
Celui-ci fabriquait, réparait et cirait
En son grand atelier bon nombre de souliers.
Depuis plusieurs années, les deux s'appréciaient.

Mais un jour, le second se trouva chagriné
Il frisait le burn-out car trop il travaillait,
Le pauvre se plaignait, le sommeil le fuyait.

1. La fable originale de Jean de La Fontaine est reproduite page 127.

En son échoppe alors il envoya quérir
Son cher et vieil ami, et il osa lui dire :
« Or çà, sire Grégoire, j'ai besoin d'un cireur,
Me rendrez-vous service ? » Alors d'un ton rieur
Le gaillard Financier accepta volontiers
Ainsi de dépanner son aimable voisin.

Il n'imaginait pas à quoi il s'exposait.
Le lendemain matin, il aéra en vain,
Tant était éprouvant des souliers le fumet.
Les paupières gonflées, les yeux pleurant toujours
(tout à fait asphyxié, si l'on veut être honnête),
Une seule minute lui semblait être un jour
Rien à faire : il n'était plus du tout à la fête.

Sur le coup de midi, vraiment désespéré
La narine en émoi, pour tout dire écœuré,
Il s'en alla pleurer chez Monsieur le curé
Qui était bien connu pour avoir des neurones.
En fronçant la narine, en fixant ses icônes,
Il soupira : « Monsieur, réfléchissez un peu :
Il suffit simplement d'obstruer votre nez
Rien qu'une pince à linge, et l'affaire est réglée. »

Il fallait s'incliner devant la riche idée.
Le Financier rentré – et sitôt arrivé,
Appliqua bien l'instrument sur ses deux narines
Pour cirer mocassins, escarpins et bottines.

Après quoi tout content, sa besogne achevée,
Il empaqueta tout l'ensemble des souliers
Puis retourna chez l'autre, en riant comme un môme.
Il dit au Savetier : « Ne me confiez plus,
Je vous prie, cher voisin, facétieux bonhomme,
Non jamais, jamais plus, la moindre grolle qui pue. »

Puis il s'en retourna, ragaillardi, chez lui.
Grâce à cette aventure, il l'avait bien compris
C'était lui qui l'avait, la clef du vrai bonheur
Attendu que l'argent est dépourvu d'odeur.

Façon de parler

Une histoire
- pas tout à fait -
sans intérêt(s)

Il était une fois un Argentin féru de jeux de mots, et si près de ses sous que même ses amis le surnommaient Harpagon. Quoiqu'il fût frais comme un gardon, quelques fils d'argent ornaient sa chevelure, on pouvait voir la varice sillonnant l'un de ses mollets quand, sans bas de laine, ce dernier était à découvert. Sa devise était : « Je me cache et m'agrippe sous la table si on vient m'importuner. » Dans son jardin, pour être franc, il n'avait planté que des radis, de l'oseille, de l'avoine et du blé. Il ne conduisait que des caisses pourries.

Un jour qu'il se promenait, une Tchèque sans provisions, à court de trésorerie, en un mot, désargentée – quoiqu'apprêtée et dotée d'un assez joli coffre –, apparut soudain devant lui en hurlant :

— Passez la monnaie ! Aboulez le flouze, n'essayez

pas de me rouler, de toute façon je vous aurai à l'usure ! Si vous résistez, je vous tronçonne en petites coupures... pour vous la faire courte : la bourse ou la vie !

Nullement impressionné, bien au contraire charmé par le bagout de la dame, il lança :

— Épargnez-moi !

Elle plissa les yeux, perplexe.

— D'accord. Je me bornerai à vous jeter des cailloux.

Saisissant la perche qu'elle lui tendait, il soupira d'aise en lâchant :

— On dit : lapider !

— Hé hé, voilà qui est bien troussé. Mais revenons à votre pognon, c'est lui qui m'intéresse.

Sans faire opposition, il tenta néanmoins de négocier.

— Vous ne vous rendez pas compte ? Je ne veux pas être saigné aux quatre veines !

— En fait, j'essaye juste de me prouver ma valeur. Allez, je me livre : j'ai souffert d'un déficit affectif dans mon enfance.

La voix intérieure de l'avare lui chuchota alors :

— Réagis, oh, mon garçon !

Il n'escomptait pas une telle aventure. Mais comme elle était divertissante, ne boudant point son plaisir, il proposa :

— Allons chez moi manger un financier, je viens de tester une nouvelle recette ! En prime, nous l'arroserons avec...

— Surtout pas des confitures !

— ... avec le liquide de votre choix.

— Banco ! répondit-elle, avant d'ajouter, mutine : mais très cher Monsieur, ma présence se monnaie, et je suis sûre que vous avez un cœur en or.

Il encaissa en souriant, afin de donner le change :

— C'est complètement stupide !

— Vous voulez dire : cupide ?

— Vous avez de l'esprit : c'est capital, mais puis-je vraiment vous accorder du crédit ?

S'ensuivit un festival de bons mots.

— Je suis sûre que vous êtes un vrai trésor !

— Et vous, une vedette, une merveille...

— Vous voulez dire : vermeille ?

— Mais on devine que vous avez le goût du lucre...

— ... hâtivement déduit... mais pas faux, ce bilan ! Il n'y a d'ailleurs aucune loi contre cela.

— Même pas dans le code vénal !

— Serrons-nous la pogne : on s'entend si bien que nous pourrions nous associer.

— J'adhère, sans réserves. Si vous voulez, vous serez ma poule.

— ... aux œufs d'or ?

— Vous, alors !

Cette rime impromptue qui les enchanta en amena d'autres : ils s'amusèrent à vérifier qu'amants rimait avec placements, virements, épargnants. Pour passion, en revanche, ils ne trouvèrent qu'obligations, majoration, interdiction et liquidation.

— Et si je vous payais... un pot ?

— Passons d'abord à la banque, route de Schirmeck.

Eût-il fallu qu'il l'assignât à résidence chez lui ? Il l'y invita plutôt, afin de poursuivre l'après-midi avec des jeux, inventant les gages les plus insensés, puis de se lancer dans une folle partie de cache-cache. Ils finirent tout de même par s'immobiliser afin de spéculer un peu, boursicoter, bref, effectuer quelques placements de berlingot assez réjouissants.

Après s'être ainsi dépensés sans compter, épuisés mais ravis, se laissant tomber sur le matelas d'Harpagon qui amortit leur chute, ils s'adonnèrent à une douce torpeur.

— Vous savez quoi, Harp' ?

— Quoi donc, mon bijou ?

— Peut-être bien que l'argent ne fait pas le bonheur, mais accordons-lui qu'il y contribue[1] !

---

1. Cher lecteur, chère lectrice, cette histoire vous semble n'avoir ni queue, ni tête ? Relisez-la donc, en tâchant d'y retrouver les près de cent mots ou expressions liés au domaine financier et bancaire qui s'y sont cachés ! Bon courage, et n'oubliez jamais que... les bons comptes font les bons amis.

Fortuné et Kenza

Ils s'étaient rencontrés par un beau samedi matin, à Strasbourg, devant le GAB du quai des Pêcheurs. Le premier pestant tout ce qu'il savait parce qu'il trouvait trop complexe le fonctionnement du nouvel automate, la seconde avait charitablement volé à son secours – sans lui avouer qu'elle avait connu les mêmes difficultés la veille.

Elle n'était pas que serviable : revêtue d'une longue robe à fleurs, elle sentait délicieusement bon. Lui, seulement venu retirer un peu de liquide, se rappela opportunément qu'il devait aussi consulter d'urgence le solde de l'un de ses comptes. Et puis effectuer un virement. Et même commander un nouveau chéquier – alors qu'il n'avait jamais entamé l'ancien. Il eut beau lambiner autant qu'il put, le moment vint où il fut impossible de prolonger l'instant sans que la manœuvre devienne trop évidente. Il soupira discrètement, remercia et s'éloigna à regret... pour se faire rattraper, quelques enjambées plus loin, par la jeune femme. L'air amusé, elle lui tendit sa carte bancaire.

— Vous devriez être moins étourdi, vous avez laissé tomber ça.

Elle avait vaguement l'impression d'avoir déjà vu son visage quelque part, mais ses lunettes aux verres teintés et le panama qu'il avait vissé sur son crâne la perturbaient un peu. Elle fronça le nez d'une façon tout à fait charmante. Au bout de quelques secondes, il se jeta à l'eau :

— C'est la seconde fois que vous me sauvez la mise en mois de dix minutes. Accepteriez-vous que je vous offre un café ?

Ayant une heure à tuer, elle consentit, et ils se retrouvèrent quelques minutes plus tard sur une terrasse du quai des Bateliers. Tout à coup affamé comme à quinze ans, il commanda d'autorité du thé, du café, du jus d'orange, une corbeille de viennoiseries, une baguette, du beurre, de la confiture et du miel. Après quoi, il se pencha un peu par-dessus la table qui les séparait.

— Je m'appelle Fortuné, mais vous l'avez probablement découvert en ramassant ma carte. Je vous en prie, ne faites aucun commentaire, je suis certain que mes parents n'avaient aucune conscience de ce qu'ils faisaient en m'affublant de ce prénom.

— À vrai dire, je ne l'ai même pas regardée, votre carte. Mais c'est amusant, parce que moi, je m'appelle Kenza.

— Euh... Pourquoi est-ce si amusant ?

— Eh bien... *Kenza* !

— Je ne vois pas...

— Cela signifie « trésor », en arabe.

Il l'ignorait.

Elle avait les plus jolis yeux du monde, et son sourire était absolument irrésistible.

— Parlons d'autre chose que d'argent, s'il vous plaît, proposa-t-elle. J'ai l'impression d'être au...

— Au quoi ?

Elle se mordit la lèvre inférieure.

— Je n'ai rien dit.

Il pencha la tête sur le côté.

— Très bien. Alors, parlez-moi de vous.

— Oh noooon !!!

Fortuné se demanda soudain si l'idée d'inviter cette excentrique inconnue était aussi bonne qu'il l'avait pensé. Il n'avait pas remarqué la quadragénaire revêtue d'un tailleur vert qui venait de prendre place juste derrière lui. Kenza, elle, s'était illico ratatinée sur sa chaise, faisant de son mieux pour dissimuler son minois avec le minuscule menu qu'elle avait déplié. Elle supplia soudain, rouge comme une pivoine :

— Écoutez, j'ai le soleil dans les yeux, est-ce que ça vous embête si on échange nos places ?

Après avoir accepté, il ne remarqua pas les précautions de Sioux qu'elle prit pour s'installer.

— Quel était votre jeu préféré, quand vous étiez petite ? lui demanda-t-il lorsqu'elle fut rassise, manifestement soulagée.

Sans réfléchir, elle répondit :

— Le Monopol... euh, colin-maillard.

— Votre groupe préféré ?

— Abba !

— Votre chanson préférée ?

— *Money, Mon...* Euh, non. Voyons... c'était *Fernando* ! À mon tour de poser des questions. Quel est votre pire souvenir de cour de récré ?

— Ouh, c'est difficile... Peut-être la fois où j'ai voulu marcher sur les mains pour impressionner une fille et que j'ai failli éborgner la directrice avec le bout de ma chaussure. J'ai dû écrire cinquante fois : *Acrobate n'est pas un métier d'avenir.*

— Vous vous fichez de moi.

— Nullement.

Fortuné s'amusait comme il ne s'était pas amusé depuis longtemps. Il poursuivit, tout en ajoutant une généreuse rasade de crème dans son café :

— Vous avez droit à une question supplémentaire.

Le visage de Kenza était devenu sérieux.

— Si vous deviez mourir demain, que feriez-vous aujourd'hui ?

— Je vous emmènerais au bord de la mer, là, tout de suite.

Elle haussa les épaules, puis attrapa un croissant dans la corbeille en grimaçant.

— Vous allez un peu vite. Vous ne m'avez même pas demandé si j'avais mon maillot sur moi.

— Non, parce que je n'ai pas l'intention de mourir demain, et qu'en vrai, nous avons la vie devant nous.

— Vous croyez ça ?

La quadragénaire au tailleur vert, qui s'était levée pour s'approcher d'eux, les interrompit. Sans un regard pour lui, elle se pencha vers elle pour embrasser sa joue.

— Salut ma belle ! Je me disais bien que j'avais reconnu ta voix ! Dis donc, ça fait une éternité ! Ça va ?

— Hum, oui.

— Tu as plutôt bonne mine, dis donc !

— Merci.

— Et Théo ? Il n'est pas avec toi ?

Le sourire béat de Fortuné s'effaça immédiatement de son visage. Elle ne portait aucune bague à son annulaire gauche, mais bien sûr, cela ne voulait absolument rien dire. Elle vivait avec un Théophile, un Théodore, Théobald ou Théodule... quoi qu'il en soit, avec un partenaire doté de quelque chose de divin, ce qui était bien la moindre des choses pour une pareille déesse.

Lui sortait de son troisième divorce. La plupart du temps, il évitait d'y penser, tant la chose était vertigineuse. Son premier mariage, précipité, avait eu lieu en l'an 2000, contre l'avis de ses parents. Alors employé dans une agence bancaire parisienne, il y avait rencontré Zézette, jeune fille délurée qui passait toutes ses vacances à poil au cap d'Agde. Flairant en lui le bon filon autant que la bonne poire, elle lui avait mis le grappin dessus avant qu'il ait eu le temps de dire ouf. Bien que n'ayant absolument rien en commun, ils firent trois garçons en quatre ans et se supportèrent aussi longtemps qu'ils le purent dans un pavillon de banlieue. La cinquième fois qu'elle lui proposa de revoir l'intégrale de la série *Friends* sur leur écran géant en se gavant de chips et de pop-corn, il déclara forfait.

Les pensions alimentaires avaient considérablement entamé le budget de Fortuné, mais il avait entre-temps fort heureusement gravi quelques échelons bancaires pour devenir cadre supérieur. Lorsqu'à trente ans, on lui proposa le poste de chef de service, il épousa Marcellinitzanova, son amie du moment, une artiste peintre neurasthénique au physique difficile, qui n'avait jamais vendu une seule toile et cuisinait comme un sabot. Elle le quitta la veille de leur premier anniversaire de mariage : un galeriste en vue, rencontré lors d'un vernissage, venait de lui proposer de l'emmener à New York afin de faire décoller sa carrière.

Sa troisième épouse, qui lui avait donné une fille, était bibliothécaire, strasbourgeoise, et avait quinze ans de moins que lui. Pour la rejoindre, il avait intégré le plus grand groupe bancaire alsacien. Il avait adoré cette femme comme aucune autre et cependant l'avait trompée, un soir de désœuvrement, avec une vague créature qui s'ennuyait elle aussi. Bêtise, égarement, passade... toujours est-il que Julie, farouchement monogame, aussi furieuse que blessée, avait demandé le divorce le jour même où elle avait appris l'incartade.

Cela faisait maintenant trois ans que Fortuné s'était installé dans sa vie de célibataire. Après quelques pathétiques tentatives de rencontres – ses fils, adultes depuis un certain temps, lui ayant tout expliqué des applications dédiées –, il avait décidé qu'il était très bien tout seul.

Jusqu'à ce matin où, pour la première fois depuis bien longtemps, devant le distributeur de billets, il avait senti son cœur battre plus vite à l'idée de...

— Théo, oui, ça va. Il est en quatrième, maintenant. Pas toujours facile, mais tout le monde dit que c'est l'âge le plus crétin, alors...

— Tu as pu reprendre ton poste à la caisse Europe ?

Fortuné dressa soudain l'oreille, mais Kenza avait saisi le poignet de son interlocutrice pour le secouer gentiment.

— Non.

— Mais...

— Écoute, je t'expliquerai. On s'appelle la semaine prochaine ?

— D'accord.

Une fois l'intruse, un peu piquée, hors de vue, il se pencha vers Kenza, un sourcil en l'air.

— Vous travaillez au Crédit Mutuel ?

— J'y travaillais.

— Et maintenant ?

— Eh bien...

— Je ne veux pas être indiscret...

— Écoutez, on passait plutôt un bon moment, non ?

— De fait.

— Franchement, on ne se connaît pas, on ne se reverra sans doute jamais. Alors, à quoi bon... ?

Il se carra dans son siège.

— Pensez ce que vous voulez. Mais si vous avez besoin d'une oreille bienveillante, j'en ai deux. À votre service.

Ses yeux – à elle – s'étaient remplis de larmes. D'une voix sourde, elle se mit à raconter. Le père de Théo était mort trois ans plus tôt dans un accident de voiture. Un routier qui s'était endormi au volant avait percuté son véhicule de plein fouet. Malgré la présence chaleureuse de leur famille, mère et fils avaient eu beaucoup de mal à s'en remettre. Et puis, l'an passé, épuisée, essoufflée, souffrant d'importants troubles du rythme cardiaque, elle avait consulté un spécialiste. Le diagnostic était tombé. Les chirurgiens avaient fait ce qu'ils pouvaient : à moins d'un miracle, elle était condamnée, à court terme.

L'horloge de l'église Saint-Guillaume sonna 9 h 45. Kenza sursauta.

— Excusez-moi. Je n'aurais pas dû vous raconter tout ça, c'est complètement idiot. Je dois filer.

Elle se pencha vivement pour ramasser son sac à main, colla au passage un baiser furtif sur la joue de Fortuné et disparut, laissant celui-ci parfaitement démuni face au pantagruélique petit-déjeuner à peine entamé. Le café-crème n'avait plus aucun goût. Il était temps, de toute façon, de se rendre à son rendez-vous. Il se leva, régla le serveur et remonta le quai. Le collège de sa fille n'était pas loin.

Plusieurs parents étaient déjà regroupés dans la salle des profs, un café ou un verre de jus de fruits à la main. Certains portaient des vêtements professionnels ou tenaient à la main des accessoires emblématiques d'une activité particulière. Fortuné les rejoignit, réussissant à sourire, saluant d'un mouvement de tête. Le principal, qui l'avait vu entrer, s'avança vivement vers lui.

— C'est un grand honneur de vous avoir parmi nous ce matin, vraiment. Merci.

— Je vous en prie. Je trouve toujours intéressante l'initiative d'inviter des parents pour parler de leur métier.

— Nos jeunes sont toujours ravis ! Cela leur apporte des informations concrètes ; à leur âge, ils sont souvent un peu perdus quand on évoque leur avenir.

Un homme revêtu d'un tablier blanc, la tête ornée d'une toque de pâtissier, s'approcha du nouvel arrivé.

— Excusez-moi, ne seriez-vous pas...

Le principal l'interrompit, tout sourire.

— Le numéro deux de la plus grande banque du Grand Est, mais oui ! Sa fille Justine est dans la même classe que votre Matteo.

— Enchanté.

— Enchanté.

Puis le principal consulta sa montre et, comme pour annoncer la fin de la récréation, tapa dans ses mains.

— Mesdames et messieurs, votre attention, s'il vous plaît, il va être l'heure. Vous allez être répartis entre les étages selon votre secteur d'activité. Je vais distribuer à chacun une petite feuille de route avec le numéro de la classe où vous rencontrerez les élèves intéressés par le domaine que vous allez présenter. Ils se succéderont par niveau, pour des sessions de quarante minutes. J'ai pris la liberté de créer trois binômes, compte tenu de vos professions respectives. La mère de Sidonie et celle de

Lilou pourront apporter des éclairages complémentaires sur les métiers du secteur social. Le père d'Arthur et la mère de Jasmine, idem pour l'agro-alimentaire. La mère de Théo, qui ne devrait plus tarder, rejoindra le père de Justine pour évoquer le secteur bancaire. Est-ce que vous avez des questions ? Si vous...

Fortuné n'écoutait plus. Le souffle un peu court, le visage tourné vers la fenêtre, il ne quittait pas des yeux la petite silhouette en longue robe fleurie qui traversait la cour.

Il avait toujours cru aux miracles.

Grosse(s) frayeur(s)

Pierre Steiner était – outre un pléonasme fait homme – quelqu'un de fiable. Tout petit déjà, quand la maîtresse quittait la classe quelques instants, c'est à lui qu'elle confiait la surveillance de ses camarades.

N'ayant aucune envie de faire des études après le collège, il avait postulé pour un emploi de coursier au siège de la banque, peu après avoir obtenu le BEPC. « Vous maîtrisez l'écriture bâton ? » lui avait-on demandé. Certains se seraient offusqués ; il avait aimablement répondu par l'affirmative, ce qui lui valut d'être embauché sur l'heure. Sa vivacité d'esprit et son sérieux avaient rapidement été repérés par un chef de service, qui eut l'idée de lui proposer un travail plus valorisant. Il gravit ainsi, année après année, de nombreux échelons, jusqu'à se voir proposer, au début des années 1980, un poste de directeur de caisse.

Les alarmes antivol n'avaient évidemment pas le degré de sophistication que l'on connaît aujourd'hui. En cas d'effraction, le service de surveillance à distance prévenait un correspondant désigné et ils avisaient de ce qu'il convenait de faire.

Les tentatives de cambriolage étaient, somme toute, assez peu fréquentes, mais, par un beau samedi après-midi, Pierre reçut un appel sur son premier téléphone mobile – un Motorola –, qu'il avait acheté à prix d'or à peine quelques semaines plus tôt.

— Allô, Monsieur Steiner? C'est le service Tranquilou à l'appareil. L'alarme de votre caisse vient de se déclencher... mais on n'a pas d'image, nos moniteurs sont en panne depuis hier. Qu'est-ce qu'on fait, on appelle le commissariat pour qu'ils envoient des gars ?

Le sang de Pierre ne fit qu'un tour, et il n'hésita pas une seconde avant de répondre :

— Vous plaisantez ! J'y serai bien avant eux, j'habite à deux pas. Je vous rappelle une fois sur place.

Il ne mentait pas : son domicile ne se trouvait qu'à une centaine de mètres de son lieu de travail. Il embrassa sa femme tout en lui expliquant la situation en deux mots, se saisit de la batte de baseball de leur fils, négligemment abandonnée dans l'entrée, puis partit au pas de gymnastique.

Rien de suspect aux abords du bâtiment. La rue était presque vide. Il ne croisa qu'une jeune maman accompagnée de deux rejetons récalcitrants et un monsieur d'un certain âge promenant un tout petit chien nommé Sumo. Après avoir réussi à calmer sa respiration, il poussa sans difficulté la porte vitrée menant au sas d'entrée.

Son arme improvisée dans la main droite, la gauche tenant son téléphone, il rappela Tranquilou pour chuchoter dans l'appareil :

— J'y suis. La porte principale n'était plus verrouillée, mais pour le moment, je ne vois rien de suspect à l'intérieur. J'avance.

La seconde porte s'ouvrit tout aussi aisément. Ses pas, étouffés par l'épaisse moquette bleue et orange, le menèrent jusqu'au guichet d'accueil. Son cœur s'était remis à battre à tout rompre. Son interlocuteur demanda :

— Monsieur Steiner ? Ça va toujours ?

— J'entends comme un vrombissement... Cela semble venir du sous-sol. Ils doivent être en train d'essayer de percer le coffre ! J'y vais !

— Ce n'est peut-être pas très prud...

— Je ne fais que mon devoir.

Alors qu'il contournait lentement le meuble de bois blond, des images du film sur cassette VHS qu'il avait loué au vidéo-club pour le visionner avec son fils la veille lui revinrent à l'esprit : dans une semi-pénombre oppressante, l'actrice Sigourney Weaver, en débardeur, une arme à feu futuriste au poing, longeait les couloirs d'un immense vaisseau spatial. Ses cheveux étaient plaqués sur ses tempes par la sueur. Elle avait décidé de débusquer la monstrueuse créature qui avait massacré tous ses compagnons.

Il avança vers le fond de la pièce. Le bruit se fit plus fort quand il aborda l'escalier menant au sous-sol. À peine s'y était-il engagé que la communication téléphonique fut coupée. Il n'y avait pas une seconde à perdre ; impensable, impossible de faire demi-tour pour rappeler Tranquilou ! Son appareil, qui pesait lourdement au bout de son bras, rentra à peine dans la grande poche de son léger blouson. Il reprit sa descente silencieusement.

Tenant maintenant la batte de baseball à deux mains, il sentait que des tics nerveux agitaient les coins de sa bouche. Arrivé en bas, il s'immobilisa quand, se superposant au bruit qui continuait de s'intensifier, une voix féminine se mit à s'époumoner tout à coup : « ... et si tu m'aimes, prends gaaaarde àààààà toi ! ».

Sans tenir compte de cette nouvelle information, il bondit dans la salle du coffre, brandissant son arme au-dessus de sa tête en criant « Rendez-vous ! ».

Un hurlement de terreur lui répondit. Madame Garcia, la femme de ménage, venait de lâcher l'aspirateur qu'elle était en train de manipuler. Remise de ses émotions, elle retira d'un mouvement furieux le casque de son walkman flambant neuf.

— Monsieur Steiner ! Ça va pas la tête ??? Vous avez failli me faire avoir une crise cardiaque !

Au même instant, deux agents de police firent irruption dans la salle, pistolet dégainé.

— Plus personne ne bouge !

La femme de Pierre, hors d'haleine, arriva dans la foulée.

— Mais qu'est-ce que c'est que ce bintz ?

Un ange passa tandis que les cinq personnes en présence se dévisageaient les unes les autres, interloquées.

Le premier à reprendre le contrôle de la situation fut évidemment Pierre Steiner. Il lâcha son arme, qui rendit un son étouffé en tombant sur la moquette, puis s'avança vers les deux policiers et son épouse avec un grand sourire.

— Chérie, tout va bien. Messieurs, bravo, bravo et merci, mais il s'agit d'un malentendu. Permettez-moi de me présenter : je suis le directeur de cette caisse bancaire. Vous pouvez retourner au commissariat. Madame Garcia, si vous pouviez éteindre cet aspirateur maintenant, je crois que ce serait une bonne idée : on ne s'entend pas.

Elle ronchonna.

— Oui, oui, voilà.

— Merci.

Alors qu'il allait raccompagner tout le monde vers la sortie, la femme de ménage le rattrapa par la manche.

— Tiens, tant que je vous ai sous la main, je voulais vous dire qu'il y a encore eu un problème avec votre super-dispositif-anti-cambrioleurs, là. Ça m'a tellement énervée que je crois que j'ai oublié de refermer les verrous de la porte principale.

— De quel problème parlez-vous ?

— Je n'ai pas réussi à désactiver l'alarme quand je suis arrivée, tout à l'heure.

— Oh.

— Ce n'est pas la première fois que je vous rappelle de ne pas changer le code sans me prévenir, Monsieur Steiner !

Exercice périlleux

Léa a décidé qu'elle porterait une jupe noire et un chemisier en soie pour le conseil d'administration. Elle est allée jusqu'à rassembler ses longs cheveux dans un chignon. Ce n'est pas dans ses habitudes, mais en tant que présidente du conseil d'administration, elle doit donner une image de sérieux, surtout aujourd'hui. Presque tout le monde est déjà là. Le petit groupe l'accueille avec un sourire.

Thomas, de son côté, a fait un effort pour donner un air pimpant à la salle de réunion : un bouquet de fleurs décore le centre de la table, une assiette remplie de mini-bretzels est disposée juste à côté.

Nico, son vice-président, désigne discrètement à Léa la chaise vide à côté de lui. Une fois qu'elle est installée, Manon, la directrice de la caisse, prend la parole.

— Nous voilà au complet, puisque les deux absents ont été excusés. Madame la présidente, avant de vous donner la parole, je propose que chacun prenne un verre : j'ai apporté une bouteille de jus de pomme et une autre de limonade.

L'ambiance est conviviale : tous ces gens se connaissent bien et apprécient de travailler ensemble. Une fois que chacun est servi, que la feuille de présence est signée et l'ordre du jour projeté sur l'écran mural, Léa tape dans ses mains pour signifier qu'elle demande l'attention générale. Elle a une annonce à faire : cela risque d'être un peu délicat, mais inutile d'y aller par quatre chemins. Elle sent que les yeux de Manon sont fixés sur elle. Après s'être éclairci la voix, elle se lance :

— Vous avez sans doute entendu dire que plusieurs fusions de bureaux ont été récemment souhaitées au Wacken...

Thomas souffle :

— En général, c'est pas le siège, mais plutôt la direction régionale de Schiltigheim qui...

Océane, qui a arrêté de mâcher son éternel chewing-gum pour agiter vigoureusement la tête, lui coupe la parole.

— Ben en voilà, un scoop ! Si vous voulez mon avis, on a eu le temps de la voir venir, la fusion, vu l'évolution de la finance internationale !

Les autres regardent Léa en retenant leur respiration. Après une hésitation, elle récite :

— Dans le contexte difficile d'un monde de plus en plus concurrentiel, l'enjeu est évidemment de permettre une meilleure gestion de nos caisses et bureaux : il s'agit avant tout de rationaliser l'activité, de mutualiser les moyens...

— Dans mon village, on appelle ça essayer de faire des économies... murmure Nico, un peu narquois.

Léa soupire. Soudain, les mots qu'elle a si soigneusement choisis lui semblent artificiels. Elle décide de continuer, sans filet cette fois :

— OK. C'était dans l'air depuis quelque temps, mais les choses semblent se préciser ces dernières semaines. Et, ce n'est probablement pas une surprise pour vous ce soir, nous sommes concernés.

— Hey ! s'exclame Hugo, qui s'agite depuis le début sur sa chaise. Vous ne voulez quand même pas dire qu'on va devoir recaser certains de nos salariés ailleurs ?

Toutes les têtes se sont, d'un même mouvement, tournées vers Léa, qui réussit à rester d'un calme olympien.

— A priori non, et c'est une chance. En effet, Vanessa Panaris doit prendre sa retraite à la fin de l'année prochaine – inutile de la brusquer – et Patrick Cruel m'a annoncé qu'il souhaitait quitter son poste pour réaliser un vieux rêve : faire le tour du monde dans un minibus avec sa femme et leurs deux enfants.

— Il est fou ce type, non ? risque Océane en se tripotant les cheveux.

Manon s'agace.

— Pardon, mais ce n'est pas le sujet.

Léa réalise soudain que les muscles de ses épaules sont tout crispés : elle essaye de les détendre discrètement, tout en reprenant la parole.

— Il nous reviendra bien sûr d'accepter – puis de gérer – le principe de la fusion. Nous nous dirigeons vers un rapprochement de notre caisse avec celle qui se trouve juste de l'autre côté du pont...

Nico a sursauté.

— De l'autre côté du pont ? Tu ne veux quand même pas dire que l'idée, c'est de nous rapprocher de...

Exactement au même moment, la porte s'ouvre et une silhouette s'engouffre dans la salle. Léa, qui a pâli, se met à gémir :

— Oh non ! C'est Dylan ! Le président du conseil de surveillance de la partie adverse. Euh, je veux dire... de notre future moitié !

— Tu veux que j'aille lui mettre un bourre-pif ? propose aimablement Nico.

Manon hausse un peu la voix.

— Avec votre permission, Madame la présidente, nous devrions quand même être capables de parler de cette affaire calmement. Comme, eh bien... comme les adultes responsables que nous sommes.

Le nouveau venu s'approche d'elle en brandissant son index.

— Vous étiez en train de parler de la fusion, hein, c'est ça ?

La directrice de la caisse soutient son regard.

— Absolument.

— Alors, que les choses soient bien claires. Moi, j'entends bien être le président du conseil de surveillance de la nouvelle structure.

Manon, tout en lui tapotant gentiment le bras, rappelle doucement :

— Le moment venu, et selon les règles applicables en la matière, c'est une élection au sein du nouveau conseil d'administration lui-même élu en AG qui en décidera.

Mais l'autre ne l'écoute pas.

— Et je vous préviens, il est hors de question que mon directeur de caisse soit rétrogradé ou envoyé dans une ridicule caissette au fin fond de la cambrousse ! Je vous préviens : si vous faites ça, je casse tout !

Léa a sauté sur ses pieds.

— Ha ha, j'aimerais bien voir ça, essaye un peu, pour voir !

Thomas et Nico, l'air perplexe, contemplent la scène sans bouger.

Alors, au fond de la pièce, Didier, le prof, soupire. Il pose son bloc-notes par terre et quitte le fauteuil dans lequel il est installé depuis le début de l'histoire. Tous les étudiants se sont figés, un peu mal à l'aise.

— Écoutez, non, ça ne va pas du tout. Si vous continuez comme ça, aucun de vous ne réussira son Master Banque et Assurance. À part peut-être Léa ; c'était pas mal, à certains moments, Léa.

Manon sent sa lèvre inférieure trembler. Elle tente de protester :

— Ouais-euh-mais-M'sieur-allez-quoi...

Didier reste de marbre.

— J'ai peut-être eu tort d'accepter d'organiser ce petit séminaire de jeux de rôle. Ça allait encore quand on restait dans le fonctionnement classique d'une rencontre entre un chargé de clientèle et un client venu avec une demande bien spécifique, mais là, décidément, non. L'exercice n'est pas du tout adapté à la compréhension holistique d'un système aussi spécifique que celui du Crédit Mutuel.

Océane ronchonne :

— D'tout'façon, moi, j'ai jamais bien compris ce truc.

Pour la troisième fois de la journée – l'art de la pédagogie n'est-il pas de savoir répéter les choses ? –, l'enseignant reprend :

— Les fondements mutualistes sont toujours et encore les piliers de cette organisation et de son action : solidarité, égalité, proximité, responsabilité, engagement... La mise en situation que vous avez improvisée n'est pas du tout crédible. Vous ne pouvez absolument pas vous comporter de cette façon, voyons ! Nicolas, vous m'écoutez ?

Mais celui-ci, la tête baissée, grommelle :

— Eh bien moi, j'ai entendu dire que quand le Crédit Mutuel offre des jeux de rôle à ses sociétaires ou à ses salariés, c'est la grande classe. Avec donjons, dragons, musique de fond, dés fluorescents à douze faces. Et un vrai maître du jeu qui se pose là.

— Qu'est-ce que vous dites, Nicolas ?

— Nan, rien, M'sieur. Rien du tout...

Merci, Papa!

Il y a des jours, comme ça, où tout vous échappe. Déjà, ce matin, le réveil n'a pas sonné. Ou serait-il possible que, tout englué dans une espèce de déni post-insomniesque, je l'aie éteint plusieurs fois d'affilée ? J'ai passé la nuit dans un état semi-comateux, à mâchonner le contenu d'un vieux pot de clous de girofle déniché dans le placard de la cuisine. J'avais lu sur l'internet que certaines rages de dents se plaçaient juste après l'accouchement sur l'échelle de la douleur. Si donner la vie est encore pire que ce que j'ai vécu, cela suffit à se réjouir d'être un homme.

Quand je finis par émerger, il est huit heures et demie. J'ai vingt minutes top chrono pour arriver à la caisse. L'adrénaline au plafond, je saute dans mes habits d'hier, passe un coup d'eau froide sur mon menton hérissé, un coup de peigne approximatif dans ma tignasse en pétard et file à la cave. L'ampoule des communs a grillé cette nuit. Ce n'est pas moi qui la changerai : je me débrouille avec la lampe de poche de mon smartphone. Dehors, un soleil déjà féroce me pique les yeux. Pas le temps de remonter pour prendre mes lunettes.

Oublié de recharger la batterie de mon vélo. Je dois pédaler comme un forcené, avec des pneus qui mériteraient un petit coup de pompe. Ces engins qui coûtent un bras pèsent aussi un âne mort dès qu'ils se retrouvent dépourvus de leur assistance électrique. C'est donc en ahanant comme un vieil asthmatique que je cadenasse ma fière monture à l'un des arceaux récemment installés. J'ai toujours des élancements épouvantables dans la molaire gauche : ils irradient jusqu'à la tempe et me donnent envie de hurler. Tâcher de ne pas y penser. Ma chère vieille dentiste a été bien sympa d'accepter de me coincer entre deux patients dès lundi matin, faudra survivre jusque-là.

Je dois m'y reprendre à trois fois avant de réussir à badger pour débloquer l'entrée principale : pas eu le temps d'avaler quoi que ce soit avant de quitter la maison et je sens les premiers effets d'une hypoglycémie sévère. Dès que Géraldine arrivera, je filerai à la boulangerie d'en face, histoire de ne pas me retrouver dans les pommes sur la moquette.

À propos de moquette, celle-ci me souhaite la bienvenue : un joli petit son mouillé se fait entendre sous mes semelles alors que j'approche du poste de l'accueil. Une fuite ! Catastrophe ! Elle vient des toilettes. Je me demande où se trouve l'arrivée d'eau. Il y a forcément, quelque part, un robinet à fermer... Impossible de le localiser. « Bienvenue chez SOS Plombiers, merci pour votre appel. Toutes nos lignes sont actuellement occupées, veuillez rappeler ultérieurement, toum-doum-bidoum ! »

Neuf heures sonnent à l'église du coin. Heureusement, aucun client à l'horizon. Logique, d'un côté : on est samedi matin, en plein mois d'août. La moitié du quartier est partie en vacances, l'autre à la piscine toute proche.

Mon smartphone bipe. Texto de Géraldine : les trams de sa ligne sont momentanément suspendus pour une obscure raison technique, désolée, elle arrivera le plus rapidement possible.

Rester calme. Régler un problème après l'autre.

« Toutes nos lignes sont actuellement occup... » Soudain, une idée de génie traverse ma tête : appeler le seul bricoleur surdoué que je connaisse capable de colmater la fuite. Juste histoire de limiter les dégâts, avec les moyens du bord. Il est dispo, il arrive : mon père, ce héros totipotent. Vétérinaire, féru d'œnologie, il connaît aussi très bien le milieu bancaire : il a été président du conseil d'administration d'une caisse voisine pendant onze ans, jusqu'à la limite d'âge !

Comment fait-il ? Il a toujours l'allure d'un jeune retraité, et une classe folle. Pantalon de toile beige, polo assorti à ses yeux, espadrilles marine... Il porte négligemment au bout du bras son matériel de bricolo dans un petit sac de voyage en cuir patiné par les années.

— Eh ben fiston, tu as fait la java hier soir ? Alors, elle vient d'où, cette fuite ? Non, ne me dis rien, je m'occupe de tout. Le premier réflexe, c'est de fermer l'arrivée d'eau. Elle doit être par ici... Va donc te faire un café, tu as une tête épouvantable.

Le laissant prendre les choses en main, je sors et traverse la rue, évitant de justesse un chauffard qui brûle un feu rouge avec l'intention manifeste de me tailler un short. La chasse aux croissants comporte parfois des risques insoupçonnés.

Il n'y a qu'une seule personne à la caisse, mais en grande conversation avec la boulangère. Or, Sonia est une vraie gentille : jamais, au grand jamais elle n'aura la cruauté d'écourter les épanchements d'une personne en veine de confidences. Elle écoute donc, telle la bienveillance incarnée, les folles aventures de Mistigri, le chat fugueur. Et ce, tout en me jetant régulièrement de petits coups d'œil désolés : elle a manifestement l'empathie bilatérale.

Soudain, on toussote derrière moi. C'est le très pète-sec Guillaume Defrèze, qui a posé, il y a trois mois, sa plaque de chirurgien-dentiste deux pâtés de maisons plus loin. Je le reconnais tout de suite : c'est dans notre caisse qu'il a sollicité son prêt professionnel au moment de l'installation de son cabinet. Son dossier n'étant pas très solide, son conseiller lui avait suggéré de revoir ses exigences à la baisse. Sans se démonter, il avait demandé à me rencontrer. Pas très avenant mais drôlement éloquent, il avait si bien su me convaincre que je lui avais accordé presque malgré moi une rallonge pour installer des faux plafonds constellés de petites LED.

Enfin, la mère Michel réussit à décoller.

— Chalut Chonia, gne woudraich... aïe-ouille !

La douleur est telle que mes yeux se sont remplis de larmes. Les paroles que je tente de prononcer ont vraiment trop de mal à sortir. Tant pis, je me borne à désigner de l'index le plateau de croissants dorés, puis à replier le pouce pour indiquer le chiffre quatre.

— Abcès parodontal carabiné, situé entre la 35 et la 36, si vous voulez mon avis.

Le ton est distant, mais les lèvres de Mister Glaçon semblent esquisser comme un sourire de compassion. Il ajoute, connaisseur :

— Vous devez déguster.

Tu l'as dit, bouffi. J'opine, l'air sans doute pathétique, tout prêt à lui rappeler mes récentes largesses... mais il s'en souvient manifestement tout seul : à peine ai-je payé mes viennoiseries qu'il m'attrape fermement par le bras.

— C'est votre jour de chance, Picsou. On ne m'attend pas au golf avant une bonne heure.

Impossible de refuser. L'idée de laisser mon père tout seul à la caisse m'affole un peu, mais je réussis à me convaincre que Géraldine ne va pas tarder. J'ai bien rendez-vous avec un couple de nouveaux clients, du genre casse-pieds apparemment, mais ils ne doivent arriver qu'à 10 heures...

Quelques minutes plus tard, je suis allongé dans le fauteuil en simili-cuir, une serviette autour du cou, bouche ouverte, orteils crispés, poings serrés sur les accoudoirs. Comme j'ai les yeux fermés, je ne profite même pas du faux plafond piqueté que j'ai contribué à financer.

— Hum, cela nécessite un petit geste chirurgical. Rassurez-vous, sous anesthésie locale, vous ne sentirez rien du tout. Il faudra juste prendre quelques cachets, aujourd'hui et demain, et même pas d'antibiotiques. Je vous ferai une ordonnance.

Un quart d'heure plus tard, je suis dehors, un peu sonné. Defrèze n'a pas voulu que je le paye, il est sympa, finalement, ce type. Je file à la pharmacie, y retourne parce que j'y ai oublié mes croissants, pousse enfin la porte de la caisse... pour y trouver mon père installé, tout sourire, au poste d'accueil. Il vient de finir de classer la paperasse qui débordait de la corbeille à courrier de Clément.

— Fiston, je t'ai réparé ta tuyauterie ! Tu devras quand même faire une déclaration de sinistre pour dégât des eaux. Je suppose que vous êtes bien assurés, hé hé hé !

— Hu-hum.

Il ne fait aucune réflexion sur le temps que j'ai mis pour revenir. Je regarde autour de nous. Si ma bouche est pâteuse, je n'ai plus mal. J'arrive donc à articuler à peu près distinctement :

— Ma collaboratrice n'est pas encore là ?

— Non.

Mon père, déjà debout, avale deux croissants en quatre bouchées, contourne le comptoir, me serre dans ses bras, puis m'ébouriffe la tête avant de filer sans se retourner.

— Ta mère m'attend, je lui ai promis de l'emmener faire un tour dans les Vosges pour essayer notre nouveau 4x4 !

L'horloge électronique au mur indique 9 h 53. Toujours personne en vue, mais les nouveaux clients ne devraient pas tarder à arriver. Un coup d'œil dans mon bureau pour vérifier que tout est en ordre – ne jamais accueillir quelqu'un, a fortiori un nouveau client, autrement que dans un décor soigné... Tiens, qu'est-ce que c'est que ces lunettes sur mon sous-main ? Celles de la femme de ménage qui a vidé ma corbeille ce matin ? Je m'en saisis et les glisse dans le tiroir : chaque chose en son temps, on verra ça plus tard.

Je déguste un double cappuccino en grignotant un croissant. Les réseaux sont parfois capricieux : pas moins de quatre messages de Géraldine m'arrivent en rafale, au moment même où elle entre, furibarde.

— Je vous jure, quand ça veut pas, ça veut pas !

— À qui le dites-vous...

— Eh ! On dirait que la moquette est mouillée, non ?

— Pas de panique, installez-vous, je vais vous expliquer. Mais avant, je vous fais couler un café. Le croissant, là, il est pour vous.

— Merci, sourit-elle, manifestement reconnaissante.

Quand j'ai fini de lui raconter le début de la journée, il est 10 heures et quart. Mes clients auraient-ils eu un problème ? Je compose le numéro du Monsieur, qui décroche à la première sonnerie. À peine me suis-je présenté qu'il s'exclame d'une voix enjouée :

— Cher ami ! Vous appelez pour m'annoncer que j'ai oublié mes lunettes sur votre bureau ? Rassurez-vous, je m'en suis rendu compte ! Pas encore gâteux, l'animal ! Mais j'en ai plusieurs paires à la maison, celles-ci ne me manqueront pas. Je les récupérerai mardi, quand nous viendrons chez vous signer tous ces contrats dont nous avons parlé ce matin. Merci encore pour vos précieux conseils ! C'est formidable ! Et merci de nous avoir accueillis tout de suite alors que nous sommes arrivés tellement en avance ! Bon dimanche à vous ! Profitez bien de l'air pur des Vosges avec votre dame !

Et il raccroche.

Oui, il y a vraiment des jours où tout vous échappe.

Une nuit à la banque

Les joues rougies et le souffle un peu court, Quentin entra en trombe dans la salle à manger. Après vingt-et-une tentatives contrariées de consultation du site officiel, les résultats tant attendus venaient enfin de tomber.

Monsieur Geld avait soigneusement replié son journal avant de le poser sur la table. Il s'était tamponné les lèvres avec sa serviette. Il avait repoussé devant lui l'assiette de macarons dont il aimait accompagner son thé. Enfin, il avait levé l'index et un sourcil. L'expression apparue sur son visage était sans conteste, dans la palette du possible, ce qui pouvait le plus s'apparenter à un sourire.

— Mon fils, je n'en attendais pas moins de toi : tout le monde sait qu'aujourd'hui, un baccalauréat sans mention « Très bien » ne vaut strictement rien.

— Oui, Papa.

— Tu as fait ce qu'il fallait pour ton inscription en prépa HEC pour la rentrée ?

— Ça ne s'appelle plus comme ça, mais : oui, Papa.

— Parfait. Tu sais que ton emploi d'été à la banque commence le 15 ?

Son père, qui occupait un poste de cadre au siège du Wacken, avait organisé la chose dans une caisse proche du domicile familial. Celle-ci ne comptait que huit salariés, et il estimait qu'une petite équipe polyvalente serait le meilleur des environnements pour découvrir les différentes facettes du métier.

— Tu as carte blanche d'ici là : je financerai intégralement ton projet, quel qu'il soit.

— Merci, Papa.

— Aurais-tu envie d'aller rendre visite à ta tante, à Paris ? Il doit y avoir l'une ou l'autre exposition intéressante à visiter. Préfèrerais-tu faire un saut jusqu'à la mer ? Je crois que les cousins berrichons n'envahiront la maison du Touquet que vers le 20.

— Eh bien...

— Une semaine, c'est vite passé : tu ferais mieux de te décider rapidement.

— Hum.

— Autre chose ?

Le jeune homme jeta un œil vers le cadre doré posé sur le manteau de la cheminée. Adossée au tronc d'un arbre, une femme au chignon romantique, vêtue d'une robe en dentelle, semblait plongée dans une douce rêverie.

— Est-ce que... est-ce que tu crois que Maman serait contente ?

— Sûrement. Ma pauvre épouse n'avait pas le moindre sens des réalités, cependant, si elle était encore parmi nous, je suis persuadé qu'elle serait très fière de toi.

Quand il avait douze ans, Quentin avait découvert, dans un débarras de la maison de vacances, une grande malle en osier contenant des livres ayant appartenu à sa mère. Il avait passé l'été enfermé à dévorer *Le portrait de Dorian Gray*, *Dracula*, *Le Horla*, *L'étrange cas du Dr Jekyll et de Mr Hyde*, et les contes cruels d'Auguste de Villiers de l'Isle-Adam... Ces lectures avaient influencé sa personnalité jusqu'alors plutôt pragmatique – héritage paternel –, l'enrichissant d'une sensibilité nouvelle qui devint son jardin secret.

Le jeune homme hocha la tête, puis sans ajouter un mot, retourna dans sa chambre pour appeler Paul. Celui-ci, qui achevait une formation de pâtissier chez un artisan dont la réputation était rien moins qu'historique dans la ville de Strasbourg, s'exclama :

— Bravo, gros !

— M'appelle pas gros.

— Pffff. Bravo quand même. Tu fais quoi pour fêter ça ? On irait pas aux bains ?

— Bonne idée. Hammam, jacuzzi, douche de neige, grotte de sel, sauna... C'est juste ce dont j'ai besoin pour me détendre un peu. Mon daron me saoule. On s'y retrouve dans une demi-heure ?

— Ça marche. À tout'.

Alors qu'il dirigeait sa trottinette électrique vers le boulevard de la Victoire, son sac de piscine à l'épaule, il s'immobilisa devant la devanture de la banque qui l'accueillerait bientôt pour son job d'été. Elle affichait une grande photo représentant un jeune couple souriant. La main droite de l'homme était posée, dans un geste tendre et protecteur, sur le ventre rebondi de la femme, qui penchait légèrement la tête de côté. Le slogan affirmait : « Heureux d'être là, avec vous ». Un présentoir orange et bleu, orné du célèbre logo, offrait au regard une large sélection de smartphones factices. Une affichette en carton annonçait une promotion exceptionnelle sur les abonnements étudiants souscrits avant la rentrée. Le reflet d'une hirondelle dans la vitrine le fit sursauter.

Un quart d'heure plus tard, il barbotait jusqu'au cou dans une eau à 37 °C, en compagnie de son ami d'enfance qui, pour muscler ses abdos, tâchait de maintenir ses orteils juste en dessous de la surface.

— Tu te souviens de la fois où on s'était fait enfermer toute une nuit au collège ?

— Et comment ! On était, quoi... en sixième ?

— Nan. En cinquième.

— Chacun avait prétendu qu'il irait dormir chez l'autre.

Ils restèrent un moment silencieux, regard dans le vague, sourire aux lèvres.

Après avoir chipé à leurs parents des provisions et des piles pour leur lampe de poche, ils n'étaient, le jour J, pas sortis avec la foule des élèves à la fin du dernier cours. Alors que la classe se vidait, ils avaient lambiné pour être les derniers. Ils avaient vaguement salué leurs camarades et fait un crochet par les toilettes, où ils s'étaient terrés en retenant leurs rires nerveux.

Il n'y avait bientôt, à part eux, plus âme qui vive dans l'établissement. Ils avaient alors pris possession des lieux. Couru dans les escaliers, fait la roue dans les couloirs. Exploré la salle des profs, qui n'était miraculeusement pas verrouillée, et observé là des choses insoupçonnées. Le soleil se couchait quand ils avaient découvert, au troisième étage, une étrange porte dérobée dont la poignée mobile était cassée. Quentin avait réussi, en manœuvrant sa carte de bibliothèque entre le battant et son montant, à en déclencher le pêne. Un vieil escalier de bois grinçant menait au grenier.

L'odeur âcre les avait fait tousser. Les faisceaux des lampes de poche avaient dévoilé des armoires, de vieilles cartes murales de France, d'Europe, du monde, suspendues les unes derrière les autres sur un portant, des piles de boîtes d'archives. Le squelette adossé à un mur et le nombre considérable de carcasses de pigeons qui jonchaient le sol les avaient fait grimacer. Tels deux aventuriers perdus enfermés dans un temple maudit, ils s'étaient accroupis dans un coin pour se raconter des histoires de fantômes.

Tac-a-tac, tac-a-tac... Quelque chose s'était soudain mis à frapper contre la petite lucarne entr'ouverte au-dessus de leur tête. Une hirondelle y tapait du bec. Elle s'était ensuite glissée à l'intérieur, était venue voleter autour de Quentin, puis avait disparu.

Cachant leur trouble sous une bonne humeur factice, les deux adolescents avaient fini par redescendre pour se passer un peu d'eau sur le visage. Une fois leurs biscuits industriels avalés, ils avaient squatté les banquettes de la cafétéria, où ils avaient dormi d'un sommeil agité jusqu'au petit matin.

Sploutch ! Quelques gouttes d'eau éclaboussèrent la joue de Quentin, le faisant revenir à la réalité.

— Des fois, soupira Paul, je me dis que je devrais me faire enfermer à la pâtisserie, avec une fille. Pour nous faire une orgie de chouquettes, d'éclairs au chocolat, avant de...

— Hum, ne continue pas, l'interrompit son ami, les yeux fermés. Je vois exactement ce que tu veux dire.

Le ton de Quentin était enjoué, mais derrière ses paupières closes, il revoyait distinctement l'image de l'hirondelle dans la vitrine de la banque.

***

Au cours de sa première journée de travail, Quentin avait découvert le quotidien de ses collègues. Le directeur, célibataire endurci, était un ami de son père. Les deux hommes disputaient chaque samedi des matches de tennis acharnés, avant d'aller dîner au restaurant, où Quentin les rejoignait parfois. Si, en ces circonstances, il le tutoyait, il était bien sûr hors de question de le faire à la caisse. Il lui avait expliqué qu'il serait affecté à l'accueil, et comment effectuer les quelques opérations courantes dont il serait chargé. Pour tout le reste, il devait évaluer le besoin du sociétaire/client et l'orienter efficacement vers la personne adéquate.

Toute l'équipe s'était montrée aimable, mais Madame Saint-Cyr, tout particulièrement, l'avait accueilli avec beaucoup de gentillesse. C'était une jolie quinquagénaire au regard très doux, qui semblait un peu décalée dans cet univers financier.

Le lendemain de son arrivée, à l'accueil, elle lui glissa :

— Plus jeune, j'ai bien connu votre maman. Elle était ravissante... et tout à fait hors du commun.

Quentin accusa le coup.

— Avant son mariage avec votre père, elle était cliente ici. Moi, je venais d'obtenir mon BTS et d'être embauchée. Nous avions à peu près le même âge.

— J'étais petit quand elle a, euh... disparu.

Elle hocha la tête.

— Je sais. Nous étions très liées.

Quelque chose dans l'attitude de cette femme lui donna envie de se confier.

— Elle me manque terriblement. Mon père n'en parle jamais. À vrai dire, je ne sais presque rien d'elle.

— Je sais cela, Quentin, et bien d'autres choses aussi.

L'ouverture de la porte vitrée les interrompit. Quentin sourit de toutes ses dents.

— Bonjour Madame. Comment puis-je vous être utile ?

Madame Knitz venait déposer un chèque. Elle ne faisait aucune confiance aux appareils installés dans le sas d'entrée, expliqua-t-elle, avant d'ajouter avec un petit air entendu qu'elle préférait de toute façon avoir affaire à de vrais êtres humains qu'à des machines.

Une fois la cliente ressortie, Madame Saint-Cyr, restée près du jeune homme, sourit.

— C'est bien : vous êtes poli, avenant, vous avez regardé la dame dans les yeux. Vous avez eu raison d'être proactif en lui demandant si elle avait apposé sa signature au dos du chèque. Vous auriez aussi pu lui montrer le stylo fixé sur le comptoir au lieu de la laisser fouiller dans son sac. Je retourne dans mon bureau : si vous avez besoin de quoi que ce soit, appelez-moi.

Quentin se retrouva alors, pour la première fois, tout seul à l'accueil. Soudain, les feuilles de la plante verte disposée à sa gauche semblèrent frémir. Et ne venait-il pas de sentir comme un souffle tout près de sa joue ? Un chuchotement à son oreille ? Il resta absolument immobile, retenant sa respiration, tous les sens en alerte. Il secoua la tête, comme on s'ébroue en sortant de l'eau. Non, il avait sans doute rêvé.

L'après-midi, une valse de Brahms, à peine perceptible, lui chatouilla les tympans. La personne dont il s'occupait – un monsieur à l'agenda surchargé venu prendre rendez-vous avec son conseiller – ne sembla rien remarquer. D'où cette mélodie pouvait-elle bien venir ? D'un appartement à l'étage supérieur ? Mais non. L'isolation des locaux était parfaite. Quand, un peu plus tard, Quentin quitta son siège pour se dégourdir les jambes, la musique s'arrêta subitement. Cependant, un rire léger, accompagné d'une fragrance d'agrumes et de verveine, flotta un instant dans l'air.

— Alors, ce job, qu'en dis-tu ? lui demanda-t-on au dîner.

— C'est vraiment très intéressant, Papa.

— Qu'est-ce qui t'a le plus plu ?

— Le principe général d'organisation, l'élection des dirigeants selon le principe « un sociétaire, une voix », et pas en fonction du nombre de parts sociales, c'est sympa ! Et puis, l'idée d'être un partenaire pour les clients et les sociétaires...

— Parfait, parfait... Dis-moi, est-ce que tu pourrais te débrouiller tout seul, demain soir ? Il se trouve que je partirai tôt demain, et...

— Et... ?

— ... et à vrai dire, il est fort possible que je ne dorme pas ici.

Quentin, les yeux arrondis par l'étonnement, crut voir un peu de rose affluer aux joues de son père. Peu lui importait que celui-ci ait un rendez-vous galant. Le temps était peut-être venu pour lui de remplacer officiellement son épouse perdue par une autre femme. Il n'y avait rien de répréhensible à cela.

— J'aurai dix-huit ans dans une semaine, Papa, affirma Quentin en le regardant droit dans les yeux. Je pense que ça va aller !

Il hésita un instant, mais renonça à conclure par la formule qui lui venait aux lèvres : *« Enjoy ! »*.

Le lendemain matin, avant de quitter la maison, Quentin rafla, dans le garde-manger, trois paquets de biscuits bio et une brique de jus de raisin, puis récupéra la grosse lampe de poche dans le tiroir de l'entrée.

La journée se déroula comme dans un brouillard. Quentin effectua mécaniquement les tâches qui lui étaient attribuées, sans s'interroger sur les tenants ni sur les aboutissants de celles-ci.

La banque fermait à 19 heures. Une fois verrouillées les portes d'accès destinées au public, les salariés se préparèrent, l'un après l'autre, à quitter les lieux par la sortie donnant sur une ruelle à l'arrière du bâtiment. Une pluie battante s'était mise à tomber, et chacun, ne se préoccupant que de son propre sort, s'élança dehors en se protégeant de son mieux.

Quentin s'était arrangé pour s'enfermer aux toilettes de l'étage quelques minutes plus tôt, après avoir pris soin de plier sa veste et de la cacher dans l'armoire située derrière son poste de travail. Les dernières lumières s'éteignirent l'une après l'autre dans un petit bourdonnement feutré.

Dans la pénombre, le jeune homme, appuyé au mur carrelé sur lequel le lavabo et le sèche-main étaient fixés, sentait son cœur battre la chamade dans sa poitrine. Sur la pointe des pieds, il ouvrit la porte et se glissa dans le couloir. La valse de Brahms avait repris, un peu plus fort, et le parfum léger flottait de nouveau dans l'air.

Il s'avança vers l'escalier, dont il commença à descendre lentement les marches. Madame Saint-Cyr l'attendait en bas. Elle lui tendit la main.

— Venez avec moi, Quentin.

Comme dans un rêve, il lui emboîta le pas jusqu'à la salle des coffres.

Elle ouvrit l'un d'eux, pour en extraire une petite boîte qu'elle lui tendit.

— Véra m'a confié cela pour vous.

Un pendentif en forme d'hirondelle tournoyait au bout de la chaîne en argent. Il enroula deux fois celle-ci autour de son poignet, s'improvisant un bracelet.

— Maintenant, prononcez le prénom de votre maman.

Quentin s'exécuta. Sa vision se brouilla soudain, et il sentit sa tête tourner. Quand il rouvrit les yeux, elle était là, adossée à son arbre, dans sa robe de dentelle. Elle s'avança vers lui.

— Mon chéri. Comme je suis heureuse. Tu pourras désormais me retrouver à chaque fois que tu en auras envie.

***

Quentin entra calmement dans la salle à manger. Monsieur Geld, qui terminait son thé, leva le nez.

— Tu as le bonjour de mon cousin José.

— José ? Celui qui vit à Las Vegas ?

— Oui. Il est de passage à Paris. J'ai fait un saut là-bas pour le voir. Nous avons passé la nuit à jouer aux cartes en buvant des bières avec des copains, comme au bon vieux temps ! À vrai dire, je viens de rentrer.

Ce n'était donc pas une escapade amoureuse, même pas coquine. Quentin ne réussit à articuler qu'un faible :

— Oh.

— Ça m'a fait un bien fou ! Et toi, mon fils, comment vas-tu ?

— Bien, Papa.

— Alors, ce job d'été ? Ça te plaît toujours ?

— Ah ça, oui !

— J'en suis ravi.

Après quelques secondes de silence, l'homme ajouta, avec un hochement de tête :

— Fais-moi plaisir, retire ce bracelet ridicule de ton poignet quand tu sors. Cela fait vraiment mauvais genre.

Mais il conclut, si bas que son fils l'entendit à peine :

— Et puis, surtout, tu pourrais le perdre.

Après un bref regard vers la photo posée sur le manteau de la cheminée, Monsieur Geld décida de s'offrir encore un macaron.

Une AG vraiment pas ordinaire

Elle avait finalement quitté Mario, lassée qu'il dragouille ostensiblement presque toutes ses clientes. Le beau moustachu jouait sans vergogne la carte du mécanicien enjôleur : salopette avantageuse, mèche rebelle sous sa casquette rouge, pupille de velours, sourire enjôleur, épaule rassurante et discours bien rodé : « Ne vous inquiétez pas, ma p'tite dame, je vais m'occuper personnellement de votre cas. »

Un soir, alors qu'il rentrait de son garage, Apolline lui avait tendu la petite valise avec laquelle il était arrivé chez elle un an plus tôt. Le reste de ses affaires avait été rassemblé dans de grands sacs-poubelle qu'elle avait rageusement abandonnés à la déchetterie du quartier, tandis que la mélodie de *I will survive* rythmait le moindre de ses gestes.

Elle pleura toutes les larmes de son corps pendant plusieurs jours. À chaque fois, elle aimait à la folie ; à chaque fois, elle était déçue. Mais midinette un jour, midinette toujours : elle rêvait encore de rencontrer l'âme sœur. La vraie, l'unique, celle qui faisait que la vie valait d'être vécue.

Elle avait soigneusement épluché ses différentes listes de contacts amicaux et professionnels sans y trouver le moindre candidat potentiel à se mettre sous la dent.

Elle devint attentive, en poussant son caddie dans les rayons du supermarché, aux rares clients à la fois objectivement potables, non accompagnés et dont l'annulaire gauche était dépourvu d'alliance. Ils avaient tous moins de quinze ans ou plus de soixante-dix.

Elle tenta d'aller boire un verre, seule, dans un bar un vendredi soir. Consternée par l'aventure, elle ne la renouvela jamais.

Elle réussit à convaincre une collègue de venir avec elle pour assister à un match du Racing à la Meinau. À la première ola, elle s'en mordait déjà les doigts.

Au bout de six mois, elle cafardait de plus en plus en regardant les couples dans la rue. Objectivement, elle pouvait pourtant s'aligner sans rougir, non ? Qu'avaient donc de plus qu'elle toutes ces femmes joyeusement accrochées au bras d'un homme ? Ce n'était quand même pas une question d'âge ! Elle avait toujours vingt ans dans sa tête.

Petit à petit, elle s'était fait une raison. Elle finit par ne plus se consacrer qu'à son travail de secrétaire RH dans le BTP. La mise aux normes d'un nouvel équipement de protection, la menace d'une grève imminente ou le déclenchement d'un licenciement pour faute grave

d'un couvreur protégé par un délégué syndical ultra-retors avaient fini par occuper tous ses jours et lui coller des insomnies toutes les nuits.

Et puis le printemps revint.

Un jour qu'elle était à la banque pour retirer sa nouvelle CB (la poste ayant égaré la précédente, elle avait préféré se déplacer), Apolline avait appris que le président du conseil d'administration de sa caisse avait été malencontreusement écrasé la semaine précédente par le chargement d'une grue défaillante alors qu'il se promenait tout près d'un chantier.

Elle s'était émue des circonstances de l'accident, remerciant le ciel que celui-ci n'ait pas été provoqué par l'un de *ses* grutiers. Elle sentit un petit frisson lui parcourir l'échine quand elle apprit qu'aucun membre du conseil d'administration ne s'était encore déclaré intéressé par l'idée de remplacer l'infortunée victime aux prochaines élections. La caisse comptant quelque 15000 sociétaires et clients, il y avait là un vivier à ne pas négliger: selon une estimation des plus pessimistes, au moins 5000 adultes de sexe masculin. Si un tiers d'entre eux étaient célibataires et la moitié de ceux-ci à peu près consommables, il restait quand même un lot de, voyons...

Elle fut sortie de sa rêverie par la guichetière, qui avait repris:

— Vous savez, pour un sociétaire, devenir membre du CA ou du CS – le conseil de surveillance –, c'est un véritable engagement, et aussi du boulot, qu'on doit évidemment prendre sur son temps de loisir! Ah, il faut l'avoir, cette envie de se mettre au service des autres... Mais aujourd'hui, rares sont ceux qui veulent s'engager pour quoi que ce soit. C'est bien plus facile de la jouer solo, de garder le nez dans son petit guidon, ne s'occuper que de ses petites affaires. Résultat : nous voilà bien.

— Vous avez vraiment du mal à trouver quelqu'un ?

— Pour être tout à fait honnête, nous avons quelques candidats et candidates, mais, vous comprenez, personne à qui on ait *vraiment* envie de faire confiance.

— Comme c'est dommage, murmura Apolline.

Un mouvement, presque hors de son champ de vision, avait attiré son regard. À quelques mètres de là, la silhouette athlétique du nouveau spécialiste en gestion de patrimoine se mouvait joliment derrière la paroi en verre dépoli délimitant son bureau.

Tout en rangeant son portefeuille dans son sac à main, elle sentit son sourire s'élargir malgré elle jusqu'à ses oreilles.

— Eh bien, je pourrais bien me présenter, moi, annonça-t-elle alors, tout en sentant une petite chair de poule recouvrir ses avant-bras.

Ce qui avait été lancé comme une demi-plaisanterie avait fait mouche, car deux jours plus tard, le directeur de la caisse l'invitait dans son bureau. C'était un tout petit quinquagénaire grassouillet, presque chauve, doté de bajoues impressionnantes mais aussi d'un regard perçant.

— Je n'irai pas par quatre chemins, chère Madame : votre candidature nous ôte une sacrée épine du pied, commença-t-il. Je suis à votre disposition pour répondre à toutes les questions que vous pourriez vous poser après avoir pris connaissance des documents que je vous transmettrai.

— Bien, Monsieur Fritsch.

— Je vous en prie, appelez-moi Alfred. Ou mieux encore : Frédo.

Apolline se mordit la lèvre. Non, pas lui. Elle n'était pas *si* affamée.

— J'y pense, répondit-elle en battant des cils, il m'est venu il y a peu des envies de boursicoter. J'en profiterais bien pour rencontrer votre spécialiste de la question.

Il lui lança un regard féroce.

— Malheureusement, Grégory Poutoux n'a pas validé sa période d'essai. Il est reparti hier pour sa Creuse natale.

— Oh.

Il se pencha un peu vers elle, pour susurrer à son oreille :

— Cela dit, je maîtrise parfaitement la chose, et je me ferais un plaisir de vous initier moi-même aux joies de...

— Euh, merci, mais finalement, je crois plus sage de me concentrer en premier lieu sur des tâches plus urgentes.

Tout en se redressant, il reprit, d'un ton plus ferme :

— Vous avez raison. Les élections auront lieu durant la prochaine AG. Rassurez-moi : vous avez déjà assisté à une assemblée générale ?

La seule fois qu'elle y avait mis les pieds, c'était deux ans plus tôt, bien avant la panne de voiture qui avait placé Mario sur sa route. Elle décida de jouer l'assurance :

— Quelle question ! Bien sûr.

Il soupira :

— Bien. Nous allons organiser un CA extraordinaire, par visioconférence, pour entériner votre candidature. Il vous faut absolument rencontrer le plus vite possible Laetitia Philibert, la vice-présidente du conseil, assurant temporairement la fonction de présidente. Elle co-animera l'AG avec moi. Faites vite : vous n'avez que deux semaines pour vous plonger dans le bain.

Les premières notes de *The Eye of the Tiger* retentirent soudain dans la tête d'Apolline. Quinze jours pour, sur son temps libre, se familiariser avec le fonctionnement de la caisse, récupérer et assimiler les tonnes virtuelles de paperasses qu'on allait lui transférer... Cadre, orientations stratégiques, règles de fonctionnement du groupe. Zoom sur la caisse. Rôles respectifs du conseil d'administration et du conseil de surveillance. Organigramme... C'était vertigineux, mais le jeu en valait certainement la chandelle.

Laetitia Philibert était une sémillante naturopathe, sensiblement du même âge qu'Apolline, célibataire endurcie et fière de l'être. Le courant passa tout de suite, et, les jours suivants, la future présidente aida beaucoup la présidente intérimaire à se préparer à co-animer la soirée de l'assemblée générale de la caisse.

— Même pas peur, crânait Laetitia. Je me suis préparée au pire !

— Au pire ?

— Oui. Orage magnétique. Tremblement de terre. Crash aérien sur le site. Attaque d'extra-terrestres.

— Ha ha ha !

— Sans rire, on le sait peu, mais il y en a eu de mémorables, des AG, dans le groupe.

— Raconte.

— On parle encore d'un certain soir où on a attendu le camion qui devait faire les tartes flambées du dîner. Le type, qui était tombé en panne à quarante kilomètres, a été remorqué par des volontaires ! Tout le monde était resté sur place, et s'était occupé en organisant un concours de chant. Mémorable.

— Incroyable !

— Il y a aussi la fois où un tirage au sort avait été prévu pour faire gagner trois louis d'or à des personnes présentes dans la salle. La « main innocente » d'une fillette qui avait tenu à accompagner ses parents les a attribués... au président du conseil de surveillance, à la dernière recrue de la caisse et au sociétaire le plus fortuné de tout le cheptel !

— On le mettrait dans un roman, les gens trouveraient ça exagéré...

— Et il y a aussi eu un directeur de caisse fraîchement embauché qui a remercié trois fois d'affilée la concurrence – où il travaillait précédemment – sans se rendre compte de ce qu'il faisait.

— Il ne peut rien nous arriver de pire.

— Tu vois...

Les réjouissances se tenaient toujours au même endroit : on louait pour l'occasion l'une des salles du grand complexe cinématographique de la ville. Cette fois, il avait été décidé en dernière minute, pour rendre hommage au président disparu, de faire appel à son fils, qui tentait de percer dans le domaine de la magie, pour assurer un petit spectacle entre la fin des choses sérieuses et le cocktail dînatoire. Apolline, vaguement émoustillée à l'idée d'un lapin sortant d'un chapeau, avait cherché sur l'internet quelques renseignements sur le jeune homme. Elle avait été assez impressionnée par ses photos en gros plan : sans surprise, une épilation professionnelle des sourcils et un léger maquillage soulignaient un regard soigneusement magnétique. Et son sourire, dans cette mâchoire carrée, provoquait sur la joue gauche une fossette aussi charmante qu'inattendue.

Le grand soir arriva. Les deux femmes s'étaient retrouvées sur les lieux avec une heure d'avance. Après avoir salué les personnes qui s'occuperaient de faire émarger les sociétaires à l'entrée de la salle et de leur distribuer le petit cadeau d'usage (cette fois, un porte-clefs en mousse malaxable destinée à se calmer les nerfs), elles étaient allées partager une bière à l'espace snacking. Elles avaient envie de regarder les gens arriver. On attendait 400 personnes. L'homme de la vie d'Apolline serait-il dans le lot ? Elle déchantait au fur et à mesure de l'apparition des nouveaux venus, et se prit soudain à imaginer le reste de son existence avec pour seule compagnie celle d'un gros chat tigré très affectueux.

— C'est tout aussi bien, lui susurrait en connaisseuse sa nouvelle amie, personne ne te fait de remarques sur tes cernes au petit-déj et tu peux même...

Laetitia avait fait des efforts : elle avait troqué son éternel jean pour une robe de cocktail accessoirisée d'un foulard de soie griffé et d'escarpins aux talons vertigineux. Elle tenait dans sa main la pochette dorée dans laquelle elle avait glissé les cartons « aide-mémoire » qui lui permettraient d'officier sur scène avec Frédo Fritsch durant la prochaine heure sans craindre le trou noir.

— Tu vois cette toute petite dame voûtée ? chuchota-t-elle. C'est ma voisine, Madame Denise. Figure-toi qu'elle a un compte dans chacune des trente-deux caisses du district de Strasbourg.

— Non ?!

— Si. Incroyable, hein ?

— Mais pourquoi ?

— On ne sait pas. En tout cas, rien ne le lui interdit.

— Elle est donc incroyablement riche ?

— Même pas. À l'aise, mais elle ne roule pas non plus sur l'or.

— Voilà qui ferait une belle-mère originale ! Elle n'aurait pas un fils sympa ?

— Non, non, personne ne lui rend jamais visite. Elle n'a pas de famille et a prévu de léguer tous ses biens pour la lutte contre la SPA !

— Tu parles d'une amie des bêtes...

— Non, non, l'autre SPA.

— Hein ?

— La *spondylarthrite ankylosante*, une saloperie rhumatismale auto-immune et inflammatoire dont elle souffre. Elle veut aider la recherche médicale.

Apolline n'écoutait plus. Un athlète roux à la peau cuivrée, aux cheveux bouclés et aux incroyables yeux verts venait de rejoindre la cohorte.

— Pince-moi, je rêve !

— Oh, non, ma belle, tu ne rêves pas. Et si tu rêvais, crois-moi, ce serait une espèce de cauchemar. Ce type est un serial-killer qui rôtira en enfer. Mais pour le moment, il devrait surtout moisir en tôle. Il sévit dans les boutiques du centre-ville, séduisant la patronne pour piquer des sous dans la caisse. Au bout d'un moment, il s'en va recommencer ailleurs. Ses victimes ont bien trop honte pour porter plainte, mais elles parlent... Bref, une ordure.

— Sans doute, mais quelle belle ordure ! marmonna Apolline pour elle-même en avalant sa dernière gorgée de bière.

Tous les escalators étaient programmés dans le sens de la montée. Elles avaient attendu le dernier moment pour se diriger vers le plus proche, qui les déposa au premier étage de l'imposant bâtiment.

— Mais noooooon !!! Quelle cruche je fais ! s'exclama Laetitia à peine arrivée en haut. J'ai oublié mon foulard en bas. J'en ai pour une minute !

D'un mouvement vif, elle se dirigea vers l'escalier. Dans la précipitation, elle se tordit la cheville, perdit l'équilibre, et se mit à enchaîner les roulades sur les marches jusqu'à l'entresol.

Un membre du conseil de surveillance, Monsieur Meyer, arrivé sur les lieux en même temps qu'elle, avait accouru à son secours. Apolline les rejoignit très vite. Un peu sonnée, Laetitia tâchait de reprendre ses esprits.

— Ce n'est rien, assura-t-elle. J'étais championne de judo dans mon enfance, je sais très bien tomber sans me blesser.

Sur quoi, elle perdit connaissance et lâcha sa pochette qui s'ouvrit, répandant tout son contenu autour d'elle. Monsieur Meyer secoua la tête en se mordant la lèvre. Levant les yeux vers Apolline, il dégaina son portable.

— Je vais appeler les secours, mais il ne faudrait pas que cela crée la panique. Heureusement, les sociétaires sont déjà presque tous dans la salle, mais du diable si je sais comment nous allons nous en sortir pour...

Apolline posa doucement sa main sur celle du sexagénaire, qui rougit.

— *The show must go on*, affirma-t-elle, le regard grave. Laissez-moi faire. Je vais remplacer notre remplaçante.

Elle attrapa les fiches éparpillées çà et là, se redressa, prit une grande inspiration et se dirigea, comme dans un rêve, vers la salle. Elle ne se rendait pas compte qu'elle fredonnait tout bas *I'm gonna live forever*, titre phare de la bande originale de *Fame*.

Quand elle s'avança sur la scène, Alfred Fritsch s'y tenait déjà. Il secoua légèrement la tête en la voyant approcher, mais elle leva discrètement la main droite, joignant le pouce et l'index pour lui signifier que tout était sous contrôle. Après quoi, elle se dirigea vers le chevalet. Elle attrapa le micro d'un geste sûr. La salle était pleine, mais elle réussit à calmer les battements de son cœur. Sur l'écran derrière elle, l'image fixe représentant un paysage bucolique avait été remplacée par le mot « Bienvenue » en lettres géantes. Un jeune homme qu'elle trouva très disgracieux, coiffé d'un casque audio, accroupi à sa gauche à l'extrémité de la scène, leva le pouce en signe d'approbation et d'encouragement.

Se saisissant de la première fiche cartonnée, elle se lança :

— Mesdames, Messieurs, bienvenue à cette assemblée générale, je vous remercie d'être venus aussi nombreux ce soir...

Elle avait si bien aidé Laetitia à réviser son discours qu'elle se sentait de plus en plus à l'aise. À la technique, on approuvait du menton avec une petite moue satisfaite. Le duo qu'elle improvisa avec le directeur fonctionnait parfaitement.

Accueil. Rapport d'activité. Présentation du bilan et du compte de résultat. Les *slides* s'enchaînaient, et Apolline, tout en poursuivant sur sa lancée, commençait à détailler d'un œil connaisseur les hommes installés aux cinq premiers rangs. La plupart étaient accompagnés. En reconnaissant son propre chargé de clientèle, qui ne l'était pas, elle pensa furtivement qu'elle n'avait jamais remarqué combien il était joli garçon. Les petites mèches qui chatouillaient ses oreilles étaient absolument adorables. Elle se figea en se souvenant soudain que le monsieur avait, l'une ou l'autre fois, évoqué devant elle... *son mari*.

Le rapport du conseil de surveillance et la certification des comptes, l'approbation du bilan et du compte de résultat puis l'affectation de ceux-ci furent expédiés en moins de dix minutes. L'animatrice improvisée s'embrouilla un peu dans l'exposé de la variation du capital social, mais c'était parce que la fiche de Laetitia était toute raturée. Elle se rattrapa avec le quitus et la décharge au conseil d'administration.

Après quoi, Laetitia, soudainement apparue à la droite de la scène, rejoignit le binôme et on lui passa le micro.

— Mesdames et Messieurs, annonça-t-elle, la dame que vous écoutez depuis tout à l'heure est candidate au poste vacant au conseil d'administration. Le moment des élections est justement arrivé ! Il n'y a pas d'autre candidat, et je crois que nous pouvons lui faire confiance : elle a bien prouvé sa valeur en prenant ma place au pied levé ce soir, alors que j'ai été empêchée de vous accueillir !

Des applaudissements de plus en plus fournis s'élevèrent. Apolline rejoignit avec fierté – et aussi un peu de soulagement – un fauteuil vide au premier rang. On élut, sans surprise, tous ceux qui s'étaient présentés, et on valida, comme il se devait, le pouvoir au porteur.

— Mais tu n'es pas aux urgences ? réussit enfin à demander Apolline à Laetitia lorsqu'elle s'assit près d'elle.

— En fait, ce n'était qu'un malaise vagal ; c'est bête, mais ça m'arrive tout le temps. Rien de grave. Dix minutes après, j'étais de nouveau sur pied, mais tu te débrouillais si bien pour renvoyer la balle à notre Frédo que je ne voulais pas vous interrompre.

Au même instant, le directeur de la caisse présentait au micro, soulignant que « malgré tout, la vie continue », le fils de feu le président du conseil d'administration.

L'artiste apparut alors, dans un nuage de fumée et sous les applaudissements, au beau milieu de la scène. Il portait un pantalon en cuir noir et une chemise immaculée, sur laquelle il avait passé un gilet de grand-père en soie. D'un air finaud, il sortit un paquet de cartes de sa poche, puis joua pendant une dizaine de minutes à faire deviner à des personnes qu'il désignait dans la foule si celle qu'il tenait en main était un as de pique ou un roi de cœur. Patient et poli au début, le public finit par se lasser, et quelques sifflets fusèrent ici et là. Le magicien annonça alors :

— Pour la suite de la représentation, j'ai besoin d'une assistante. Des volontaires ?

Des cris fusèrent un peu partout :

— Moi !

— Moi !

— Moi !

— Iciiiii ! hurla malgré elle Apolline.

Le jeune homme lui préféra une post-adolescente gothique à piercings. C'est donc elle qui lui servit de faire-valoir pour les tours de manipulation de foulards multicolores.

— Je parie que la fossette est fausse, grogna Laetitia au bout d'un quart d'heure.

— Quoi ?

— La fossette. Sur sa joue. C'est du maquillage. Ça se voit.

— Trop nul.

Le spectacle s'acheva par un gros bouquet de fleurs en papiers lancé dans la salle. Une vieille rombière ridicule risqua la fracture du col du fémur pour l'attraper, ce qui fit ricaner Apolline et Laetitia. La foule des sociétaires applaudit mollement, puis on quitta les lieux. Au rez-de-chaussée, le buffet avait été installé. Un petit orchestre jouait en sourdine des standards du jazz.

À peine les deux femmes arrivées, Alfred Fritsch se précipita vers elles pour les saisir, d'autorité, chacune par un bras. Il les balada ainsi pendant un long moment pour les présenter ici et là à des gens qui, à vrai dire, s'intéressaient surtout au contenu de leur verrine ou de leur tranche de pain surprise.

— On s'en va ? souffla Laetitia au bout d'un moment.

— Oui, je dois me lever tôt demain matin.

— Je te dépose quelque part ?

— Si tu peux me rapprocher de la Montagne-Verte, c'est cool.

— OK. Ça va ?

— Moui.

— Souris, ma belle, dès le prochain CA, tu seras élue présidente !

— C'est vrai...

Laetitia se frappa soudain le front.

— Dis donc, avec tout ça, j'ai oublié de te dire : Madame Denise cherche à placer une portée de chatons, tu en voudrais un ?

Apolline sourit et, pleine d'espoir, leva un sourcil.

— Il y en a un tigré ?

— Je crois.

Après quelques secondes d'hésitation, Laetitia poursuivit :

— Tu sais quoi ? Un studio s'est libéré dans notre résidence senior... Ça te dirait de venir habiter avec nous ? C'est cette année, la retraite pour toi, non ? Je peux te pistonner, si tu veux : j'ai le directeur dans la poche. Il est tellement mignon ! Je suis sûre qu'il te plaira.

C'est *mes* galacty-flouz !

— Bonjour, je voudrais retirer 25 000 galacty-flouz, s'il vous plaît.

— Ah, ce n'est pas possible, Monsieur, vous n'avez pas assez de fonds disponibles sur vos comptes.

— Pourtant, j'ai vérifié ce matin même sur l'Appli-poopy-mobility, j'ai bien un solde cumulé positif de 47 280 galacty-flouz...

— ... parmi lesquels 13 570 sont immobilisés sur votre compte Saturny-nine-fever.

— Immobilisés ?

— Vous vous êtes engagé à ne pas y toucher avant trois révolutions neptuniennes.

— Vous êtes sûr ?

— C'est marqué dans votre contrat Séréni-zen.

— Je n'avais pas vu ça.

— Page 47, en bas, en petits caractères.

— Mais où est le problème ? 47 280 moins 13 570, cela fait toujours plus de 25 000. Je vous rappelle que nous parlons de *mon* argent. Il s'agit de *mes* galacty-flouz, que *moi*, je vous ai confiés.

— Justement : nous avons estimé judicieux d'en placer pour vous 7 500 en bloblig-actions martiennes demi-freezées nécessitant un préavis de pré-retrait de 48 heures terriennes pour en autoriser le déblocage.

— Je ne vois toujours pas le problème, puisque 47 280 moins 13 570 moins 7 500, cela fait toujours plus de 25 000.

— Exact. Cependant, le virement relatif au paiement de votre leasing-soucoupe aura lieu demain. Comme vous avez souscrit l'option anticipa/plus+, vous...

— D'accord, d'accord. Dans ce cas, débloquons les demi-freezés martiens. Maintenant.

— Voilà qui est fait.

— Merci.

— Au revoir, Monsieur.

***

— Bonjour, je voudrais retirer 25 000 galacty-flouz, s'il vous plaît.

— Je suis désolé, Monsieur, nous ne pouvons pas vous donner une telle somme en argent liquide.

— Voilà autre chose ! Et pourquoi ?

— Les règles de sécurité en intergalactique nous interdisent de disposer de sommes d'argent aussi importantes à la caisse. Rapport aux risques de vol. Le terrible gang Jupitériens'fric-frac a réussi à s'évader de la prison hyper sécurisée d'Uranus, vous comprenez ?

— OK, OK, pas besoin de me faire un dessin. Mais avant-hier, j'ai...

— Avant-hier, vous avez seulement débloqué vos bloblig-actions. Et en aucun cas commandé de la monnaie.

— Ça alors, je dois *commander* mon propre argent ?

— Oui, Monsieur. Nous pouvons effectuer la demande pour demain matin, cycle terrestre. Cela vous convient-il ?

— Bon, d'accord.

***

— Bonjour, je viens retirer les 25 000 galacty-flouz en liquide que j'ai réservés hier.

— Bien, Monsieur. Avez-vous rempli le formulaire DFR ?

— Le formulaire DFR ?

— Destination des fonds retirés.

— Je dois *justifier* de l'utilisation de mon argent ?

— Oui, Monsieur.

— Mais il est à moi, j'en fais ce que je veux !

— Les dispositions relatives à la répression des ententes frauduleuses (trafic orionique, vente de substances ou de schproutzy vénusiens illicites, incitation à la boulchitude, etc.) nous imposent de nous enquérir au préalable de l'utilisation des galacty-flouz retirés.

— Peste bubonique. Imprimez-moi vite ce formulaire, qu'on en finisse, je n'ai pas que ça à f...

— Nous ne sommes pas habilités à effectuer cette opération : vous devez vous le procurer par vous-même à partir de votre espace client. Vous trouverez la marche à suivre dans l'onglet DFC de votre Appli-poopy-mobility.

— Alors, allons-y, hop, hop hop ! Puis-je utiliser votre printante ?

— Dans le cadre des économies de papier décidées en vue de la protection du patrimoine forestier terrestre, nos printantes ne peuvent pas être utilisées au profit direct d'un client ayant fait preuve de négligence blâmable.

— Négli... quoi ???

— C'est non.

— Entendu. Je sais qu'il est tout à fait inutile d'essayer de négocier avec vous autres banquiers stellaires. Ne bougez pas, je reviens, ma capsule est garée juste à côté.

***

— Me revoici, et le voilà, votre fichu formulaire DFR.

— Désolé, Monsieur, nous devons fermer pour trente minutes : c'est l'heure de la désinfection de la cabine. À cause de ce nouveau virus mercurien, vous savez. Celui qui a apparemment été transmis par un pingouin clandestin.

— Mais enfin, faites un effort ! Cela ne prendra que deux secondes ! Ma printante est tombée en panne et j'ai été obligé d'aller acheter une cartouche d'encre ! C'est pour cela que j'ai mis tant de temps à revenir !

— Saviez-vous qu'une formation express destinée à optimiser la gestion de vos stocks de denrées bureautiques est comprise dans votre contrat Boost'autodiscipl...

— Laissez tomber.

— Merci de bien vouloir vous diriger vers le sas de sortie, Monsieur. La cabine rouvrira ses portes dans trente minutes.

— Je vous laisse le formulaire, je vais faire un tour.

***

— Alors, ce coup-ci...

— Le formulaire DFR que vous nous avez laissé n'est malheureusement pas conforme : il n'a pas été tamponné par le service « Contrôle des fonds des particuliers » de l'administration fiscale inter-lunaire.

— Mais enfin, j'ai déjà payé la totalité de mes impôts inter-lunaires dessus !

— Il ne s'agit que d'un simple contrôle de sécurité. La marche à suivre est expliquée sous l'onglet « Remplir le formulaire DFR » de la page DFC de votre Appli-poopy-mobility.

— Ça va, j'ai compris.

***

— Ha ha, j'ai failli griller mon braqueur de vitesse-lumière, mais vous ne pouvez plus rien dire, maintenant ! Mon formulaire DFR a été tamponné par le service « Contrôle des fonds des particuliers » de l'administration fiscale inter-lunaire.

— Je vois que vous avez coché la case « Achat de denrées alimentaires ». Depuis l'adoption de la norme Sana-sano, vous devez dans ce cas fournir la liste desdites denrées alimentaires que vous entendez acquérir.

— Je veux faire un petit tour sur la route des vins stellaires, ma cale est presque vide. Je choisirai une fois sur place : j'aime bien me faire conseiller par les viticulteurs locaux.

— Navré ! Dans ce cas, votre demande de retrait de fonds est invalide. Il est stipulé dans la dernière mise à jour de votre contrat Mirific-santé que vous avez décidé de limiter votre consommation de produits gras, sucrés et alcoolisés.

— Saloperie de robot ! Je vais te déboulonner ! Je fais ce que je veux avec *mon* argent, tu entends ?! Tiens, prends ça !

— Crouïk-craaaakkk... Bip-bip-bip... Zzzzzzz...

***

— Police stellobancaire. Veuillez me suivre, s'il vous plaît, Monsieur.

— Je suis vraiment désolé, je...

— Asseyez-vous là.

— Je...

— Vous venez de mettre hors service le meilleur bank'humanoïde de la caisse de Strasbourg-centre !

— Écoutez, je...

— Plus un geste. L'ordicentraligon est en train de calculer le montant de l'amende à payer pour votre acte de vandalisme et celui de l'auto-réparation qui remettra votre banquier sur pieds ! Tiens, je vois que vous n'avez pas réglé la dernière cotisation de votre vignette inter-spatiale...

— Mais si !

— Mais non. Cela dit, vous avez une veine de siriusien. Le montant que vous devez payer – vignette comprise – s'élève pile-poil à 47 280 galacty-flouz ! Exactement le solde cumulé de vos comptes ! Le virement peut s'effectuer grâce à votre empreinte blitz. Si vous voulez bien poser votre antenne droite sur la petite lucarne...

— Non, mais je rêve !

— Paaaarfait. Je vous laisse : on dirait que l'humanoïde se sent déjà mieux ! Deux minutes terriennes et il n'y paraîtra plus !

***

— Bzzzt bzzzt... Reboot... Brrrcrrrkkkkk ! Ah, je vois que les soldes de tous vos comptes sont à zéro. Et votre loyer qui doit être payé demain... Afin que vous puissiez le régler, je peux vous proposer notre super-prêt-illico-prestissimo à un taux d'intérêt très avantageux. Si vous me permettez, Monsieur, je vous suggère de le coupler avec le pack C-tout-moi-en-best.

Cela vous permettra d'apprendre à gérer votre stress, ce qui vous sera sans aucun doute utile.

— Comment ?

— Pardonnez ma franchise, mais il me semble que si vous aviez su vous maîtriser, vous auriez pu faire un meilleur usage de votre argent !

— Je vais te... !

EN BONUS

Façon de parler

Pour percevoir les intérêts de l'histoire

Cher lecteur, chère lectrice, revoici l'histoire présentée plus haut, avec, cette fois, la centaine de mots et expressions liés au domaine financier et bancaire mis en évidence. Les avez-vous tous trouvés ?

Il était une fois un **Argent**in féru de jeux de mots, et si **près de ses sous** que même ses amis le surnommaient **Harpagon**. Quoiqu'il fût **frais** comme un gardon, quelques fils d'**argent** ornaient sa chevelure, on pouvait voir l**a varice** sillonnant l'un de ses mollets quand, sans **bas de laine**, ce dernier était **à découvert**. Sa **devise** était : « Je me **cache** et m'a**grippe sous** la table si on vient m'impor**tuner**. » Dans son jardin, pour être **franc**, il n'avait planté que des **radis**, de l'**oseille**, de l'**avoine** et du **blé**. Il ne conduisait que des **caisses** pourries.

Un jour qu'il se promenait, une T**chèque sans provisions**, à court de **trésorerie**, en un mot, **désargentée** – quoiqu'ap**prêt**ée et dotée d'un assez joli **coffre** –, apparut soudain devant lui en hurlant :

— **Passez la monnaie ! Aboulez le flouze**, n'essayez

pas de me **rouler**, de toute façon je vous aurai à l'**usure** ! Si vous résistez, je vous tronçonne en **petites coupures**... pour vous la faire courte : **la bourse ou la vie !**

Nullement impressionné, bien au contraire charmé par le bagout de la dame, il lança :

— **Épargnez**-moi !

Elle plissa les yeux, perplexe.

— D'accord. Je me bornerai à vous jeter des cailloux.

Saisissant la perche qu'elle lui tendait, il soupira d'aise en lâchant :

— On **dit : lapider** !

— Hé hé, voilà qui est bien troussé. Mais revenons à votre **pognon**, c'est lui qui m'intéresse.

Sans faire **opposition**, il tenta néanmoins de **négocier**.

— Vous ne vous rendez pas **compte** ? Je ne veux pas être **saigné aux quatre veines** !

— En fait, j'essaye juste de me prouver ma **valeur**. Allez, je me **livre** : j'ai souffert d'un **déficit** affectif dans mon enfance.

La voix intérieure de l'avare lui chuchota alors :

— Ré**agis, oh**, mon garçon !

Il n'**escomptait** pas une telle aventure. Mais comme elle était divertissante, ne boudant **point son** plaisir, il proposa :

— Allons chez moi manger un **financier**, je viens de tester une nouvelle **recette** ! En **prime**, nous l'**arroser**ons avec...

— Surtout pas **des confitures** !

— ... avec le **liquide** de votre choix.

— **Banco !** répondit-elle, avant d'ajouter, mutine : mais **très cher** Monsieur, ma présence se **monnaie**, et je suis sûre que vous avez un **cœur en or**.

Il **encaissa** en souriant, afin de **donner le change** :

— C'est complètement stupide !

— Vous voulez dire : **cupide** ?

— Vous avez de l'esprit : c'est **capital**, mais puis-je vraiment vous **accorder du crédit** ?

S'ensuivit un festival de **bons** mots.

— Je suis sûre que vous êtes un vrai **trésor** !

— Et vous, une ve**dette**, une merveille...

— Vous voulez dire : **vermeille** ?

— Mais on devine que vous avez le goût du **lucre...**

— **... hâtive**ment **déduit**... mais pas faux, ce **bilan** ! Il n'y a d'ailleurs aucune loi contre cela.

— Même pas dans le code **vénal** !

— Serrons-nous la **pogne : on** s'entend si bien que nous pourrions nous **associer**.

— J'adhère, sans **réserves**. Si vous voulez, vous serez ma **poule.**

— **... aux œufs d'or** ?

— Vous, alors !

Cette rime impromptue qui les enchanta en amena d'autres : ils s'amusèrent à vérifier qu'amants rimait avec **placements**, **virements**, **épargnants**. Pour passion, en revanche, ils ne trouvèrent qu'**obligations**, **majoration**, **interdiction** et **liquidation**.

— Et si je vous payais... un pot ?

— Passons d'abord à la **banque**, **route** de Schirmeck.

Eût-il fallu qu'il l'**assignât** à résidence chez lui ? Il l'y invita plutôt, afin de poursuivre l'après-midi avec des jeux, inventant les **gages** les plus insensés, puis de se lancer dans une folle partie de **cache**-cache. Ils finirent tout de même par s'**immobiliser** afin de **spéculer** un peu, **boursicoter**, bref, effectuer quelques **placements** de ber**lingot** assez réjouissants.

Après s'être ainsi **dépensés sans compter**, **épuisés** mais ravis, se laissant tomber sur le **matelas** d'Harpagon qui **amortit** leur chute, ils s'adonnèrent à une douce torpeur.

— Vous savez quoi, Harp' ?

— Quoi donc, mon **bijou** ?

— Peut-être **bien** que **l'argent ne fait pas le bonheur**, mais accordons-lui qu'il y **contribue**[1] !

1. Cher lecteur, chère lectrice, cette histoire vous semble n'**avoir** ni queue, ni tête ? Relisez-la donc, en tâchant d'y retrouver les près de cent mots ou expressions liés au domaine **financier** et **bancaire** qui s'y sont cachés ! Bon courage, et n'oubliez jamais que... **les bons comptes font les bons amis**.

Le Savetier et le Financier

de Jean de La Fontaine

Un Savetier chantait du matin jusqu'au soir :
 C'était merveilles de le voir,
Merveilles de l'ouïr ; il faisait des passages,
 Plus content qu'aucun des Sept Sages.
Son voisin au contraire, étant tout cousu d'or,
 Chantait peu, dormait moins encore.
 C'était un homme de finance.
Si sur le point du jour, parfois il sommeillait,
Le Savetier alors en chantant l'éveillait,
 Et le Financier se plaignait
 Que les soins de la Providence
N'eussent pas au marché fait vendre le dormir,
 Comme le manger et le boire.
 En son hôtel il fait venir
Le Chanteur, et lui dit : « Or çà, sire Grégoire,
Que gagnez-vous par an ? — Par an ? Ma foi, Monsieur,
 Dit avec un ton de rieur
Le gaillard Savetier, ce n'est point ma manière
De compter de la sorte ; et je n'entasse guère
Un jour sur l'autre : il suffit qu'à la fin
 J'attrape le bout de l'année :

Chaque jour amène son pain.
— Eh bien, que gagnez-vous, dites-moi, par journée ?
— Tantôt plus, tantôt moins, le mal est que toujours
(Et sans cela nos gains seraient assez honnêtes),
Le mal est que dans l'an s'entremêlent des jours
Qu'il faut chommer ; on nous ruine en fêtes.
L'une fait tort à l'autre ; et Monsieur le curé
De quelque nouveau saint charge toujours son prône. »
Le Financier, riant de sa naïveté,
Lui dit : « Je vous veux mettre aujourd'hui sur le trône.
Prenez ces cent écus : gardez-les avec soin,
Pour vous en servir au besoin. »
Le Savetier crut voir tout l'argent que la terre
Avait, depuis plus de cent ans
Produit pour l'usage des gens.
Il retourne chez lui ; dans sa cave il enserre
L'argent et sa joie à la fois.
Plus de chant ; il perdit la voix
Du moment qu'il gagna ce qui cause nos peines.
Le sommeil quitta son logis,
Il eut pour hôte les soucis,
Les soupçons, les alarmes vaines.
Tout le jour il avait l'œil au guet ; et la nuit,
Si quelque chat faisait du bruit,
Le chat prenait l'argent : à la fin le pauvre homme
S'en courut chez celui qu'il ne réveillait plus.
« Rendez-moi, lui dit-il, mes chansons et mon somme,
Et reprenez vos cent écus. »

Le vrai du faux

On l'a évoqué: les histoires rassemblées dans ce recueil comportent toutes une part de vérité. Voici les anecdotes, parfaitement authentiques, qui ont permis d'écrire les nouvelles que vous venez de lire.

Un client, commerçant de son état, avait pour habitude d'apporter sa recette à la banque dans un grand sac en plastique, revolver au poing. Et il posait son arme bien visiblement sur le comptoir pour effectuer son dépôt.

La caméra intégrée à un guichet automatique de banque permit un jour d'apporter une preuve manquante dans le cadre d'une enquête policière.

Un client mal embouché, après avoir insisté très lourdement pour réaliser un placement à haut risque dans de la cryptomonnaie, a eu le culot de reprocher à son chargé de clientèle de ne pas l'avoir bien conseillé.

Suite au déclenchement d'une alarme, un directeur de caisse, dépêché sur les lieux, a un jour découvert la femme de ménage en train de passer l'aspirateur.

Un dirigeant très haut placé dans l'organigramme du groupe est venu, sans mentionner sa fonction, parler des métiers de la banque et de l'assurance dans le collège de ses enfants lors d'une journée d'orientation professionnelle.

Toutes les péripéties survenues en AG évoquées par Laetitia (le camion à tarte flambée qu'on a attendu pendant des heures, le tirage au sort attribuant des louis d'or semblant truqué, l'animateur remerciant plusieurs fois la concurrence) se sont un jour produites dans la réalité.

On peut mentionner aussi, puisqu'il y a prescription, que l'autrice s'est jadis fait enfermer, avec sa meilleure amie, dans leur collège vide, porte verrouillée. Elles étaient en classe de cinquième, c'était seulement entre midi et deux, pour un petit pique-nique, mais elles avaient vraiment découvert comment accéder au grenier de l'établissement, rempli de cartes de géographie, d'archives et de carcasses de pigeons. Le squelette était là, lui aussi.

En ce qui concerne l'histoire futuriste des galacty-flouz, à chacun de se faire sa propre opinion. Toute ressemblance avec des faits existants ou ayant existé est-elle, ou non, fortuite ?

Les 32 caisses de Crédit Mutuel du district de Strasbourg

Classement selon l'ordre alphabétique des communes.

Bischheim
62, route de Bischwiller 67800 Bischheim

Enseignant 67
9, rue Jean-Monnet 67201 Eckbolsheim

Parc de la Bruche
74, avenue du Général-de-Gaulle 67201 Eckbolsheim

Plobsheim
1, rue du Commerce 67114 Eschau

Cours de l'Andlau
44, route de Lyon 67640 Fegersheim

Geispolsheim
25, rue Sainte-Jeanne-d'Arc 67118 Geispolsheim

Hoenheim
14, rue de la République 67800 Hoenheim

Horizon
26, rue du Maire-Raedel 67810 Holtzheim

Illkirch-Graffenstaden
144, route de Lyon 67400 Illkirch-Graffenstaden

La Souffel
14a, rue Principale 67450 Lampertheim

Lingolsheim
80, rue du Maréchal-Foch 67380 Lingolsheim

Coteaux de Hausbergen
82a, route de Saverne 67205 Oberhausbergen

Ostwald
40, rue du Général-Leclerc 67540 Ostwald

Trois Chênes
86a, rue du Général-de-Gaulle 67116 Reichstett

Professions de santé
12, rue de La Haye 67300 Schiltigheim

Schiltigheim
6, place de Paris 67300 Schiltigheim

Souffelweyersheim
9, rue du Centre 67460 Souffelweyersheim

Austerlitz
42, rue de la Première-Armée 67000 Strasbourg

Cathédrale
2, rue des Hallebardes 67000 Strasbourg

Esplanade
2, avenue du Général-de-Gaulle 67000 Strasbourg

Europe
83, avenue Jean-Jaurès 67100 Strasbourg

Grand Cronenbourg
90, route de Mittelhausbergen 67200 Strasbourg

Koenigshoffen
84, route des Romains 67000 Strasbourg

Meinau
211, avenue de Colmar 67100 Strasbourg

Neudorf
97, route du Polygone 67100 Strasbourg

Robertsau
75, rue Boecklin 67000 Strasbourg

Saint-Jean
2, rue du Maire-Kuss 67000 Strasbourg

Strasbourg ouest
144, route de Schirmeck 67200 Strasbourg

Strasbourg sud
44, route d'Altenheim 67100 Strasbourg

Vosges
1, avenue de la Paix 67000 Strasbourg

Vendenheim
11, rue du Général-Leclerc 67550 Vendenheim

La Wantzenau
9, rue du Patronage 67610 La Wantzenau

ebra
ÉDITIONS

Achevé d'imprimer en novembre 2024
sur les presses de la Sepec Numérique à Péronnas (Ain)
pour le compte d'EBRA Éditions
4, rue Frédéric-Guillaume Raiffeisen
67913 Strasbourg Cedex 9
ebra-editions.fr

PEFC
10-31-3532